Julia Lorenzer

Lesereise Toskana

Julia Lorenzer

Lesereise Toskana

Viel mehr als nur Steine

Picus Verlag Wien

MIX
Papier aus verantwortungsvollen Quellen
FSC® C004378
www.fsc.org

Grafische Gestaltung: Dorothea Löcker, Wien
Umschlagabbildung: © Shutterstock/Banet
Druck und Verarbeitung:
EuroPB, s.r.o., Tschechische Republik
ISBN 978-3-7117-1099-4

Informationen über das aktuelle Programm
des Picus Verlags und Veranstaltungen unter
www.picus.at

Inhalt

Traum und Wirklichkeit

Vom Leben in der Bilderbuchlandschaft des Val d'Orcia

Andrea Giorgi fährt schnell, sodass in den scharfen Kurven der Serpentinenstraße nach Pienza die Reifen quietschen. Es geht an Weinbergen und wogenden Weizenfeldern vorbei. Auf den Hügeln, deren Farbe zu dieser Jahreszeit langsam von Sattgrün zu Hellbraun wechselt, stehen vereinzelte Zypressen. Hier und da führt eine Allee zu einem malerischen Landhaus. Im Val d'Orcia finden Fotografen wunderbare Motive der Harmonie zwischen Mensch und Natur. Ein Sehnsuchtsort, eine echte Bilderbuchlandschaft. Die Toskana der Postkarten, wie sie die Menschen in London, New York und Tokio vor Augen haben, auch wenn sie noch nie in Italien waren.

»Das hätte alles auch ganz anders kommen können«, erklärt Andrea, während er aufs Gaspedal steigt, um einen Traktor zu überholen. »Früher hat sich niemand um diese Gegend gekümmert. Anfang der achtziger Jahre gab es Pläne, im Val d'Orcia eine Giftmülldeponie einzurichten. Als wir davon erfahren haben, haben wir uns dagegen gewehrt. Aber das war nicht leicht.«

Die Lehrerin Vera Petreni – die erste Frau, die jemals den Bürgermeisterposten in Pienza innehatte – überzeugte damals die anderen Gemeinden davon, dass man angesichts dieser Bedrohung eng zusammenarbeiten müsse. Die daraus entstandene Initiative legte einen steinigen Weg zurück, der jedoch schließlich von Erfolg gekrönt war: Naturschutzgebiete entstanden, und nach jahrzehntelanger Arbeit erhielt das Orcia-Tal im Jahr 2004 von der UNESCO sogar den Titel »Weltkulturerbe«.

»Aber es ist trotzdem nie vorbei«, meint Andrea. »Man muss wachsam sein. Wir, die wir heute hier leben, tragen die Verantwortung.«

Er parkt vor der Stadtmauer. Von dort ist er zu Fuß in einer Minute beim Rathaus, das Teil des mustergültigen Renaissance-Ensembles in Pienzas Zentrum ist. Darin – genauer: im Einwohnermeldeamt – befindet sich sein Arbeitsplatz. Andrea ist Anfang sechzig und weiß nicht, wie lange er noch zum Dienst wird antreten müssen. Die Regierung von Mario Monti hat das Rentenalter deutlich hinaufgesetzt, um den Haushalt zu entlasten. Doch Monti ist längst abgewählt. Seine Nachfolger überbieten sich seit Jahren mit Vorschlägen, diese ökonomisch sinnvolle, aber unpopuläre Maßnahme so bald wie möglich ungeschehen zu machen.

»Wir werden sehen. Ich nehme es, wie es kommt. Außerdem mag ich meine Arbeit.«

Und das, obwohl Andrea immer mehr zusätzliche Aufgaben bekommt, da die Gemeinde frei werdende Stellen aus Kostengründen nicht neu besetzt. Inzwischen ist er auch für die Kultur zuständig. Heute steht als Erstes die abschließende Besprechung zu einer Lesung des Autors Stefano

Benni an, die am Abend im Innenhof des Palazzo Borgia stattfinden wird.

Nachdem er den Vormittag im Büro verbracht hat, rast Andrea wieder zurück nach Monticchiello. Das kleine, fast zur Gänze aus einer mittelalterlichen Burganlage bestehende Dorf liegt nur ein paar Kilometer entfernt auf einem steil aufragenden Hügel und gehört zur Gemeinde Pienza.

Über die Region hinaus ist Monticchiello für das Freilufttheater bekannt, das die Bewohner jeden Sommer auf der *piazza* mitten im Dorf veranstalten. Das sogenannte *Teatro Povero* entstand in den sechziger Jahren. Die selbst geschriebenen Stücke haben meist sozialkritischen Charakter, die Themen stammen in der Regel aus dem Alltag der toskanischen Landbevölkerung. Während der Spielzeit im Juli und August gibt es beinahe täglich Aufführungen und die Zuschauer kommen in Scharen, um dieses einzigartige Spektakel zu erleben.

Andrea steuert den Wagen schwungvoll durch das Tor mit dem Spitzbogen und dann, unter den erstaunten Blicken einer amerikanischen Reisegruppe, mit einem routinierten Zwei-Züge-Manöver in seine winzige Garage.

»*Ciao Daniele!*« Andrea winkt seinem etwa gleichaltrigen Nachbarn zu. Daniele verkauft Kleidung an Touristen. Ein kleines Sortiment, aber nur ausgesuchte, hochwertige Ware.

»Nicht der Ramsch aus China, den es inzwischen überall gibt«, verkündet er seinen Kunden stolz. Daniele verbringt so viel Zeit in seinem winzigen Geschäft, dass er es sich dort zwischen den

Blusen, Pullovern, Mänteln und Kleidern »Made in Italy« einigermaßen wohnlich eingerichtet hat. In einer Ecke hängen ein paar Erinnerungsstücke: ein Foto, das ihn mit dramatischer Geste auf der Bühne des *Teatro Povero* zeigt, daneben Danieles Ticket für das Champions-League-Finale zwischen Juventus Turin und Borussia Dortmund, das 1997 in München ausgetragen wurde.

Im Moment steht er auf der *piazzetta* vor seinem Laden, raucht eine Zigarette und wechselt mit jedem, der vorbeikommt, ein paar Worte. Abgesehen von den Touristen sind es immer dieselben Gesichter. In Monticchiello wohnen nicht mehr viele Leute – und von denen, die geblieben sind, sind einige so alt, dass sie die steilen Treppen in den uralten Gemäuern kaum noch bewältigen können. Sie verlassen ihre Wohnungen in den oberen Stockwerken selten.

»Aber es war schon schlimmer«, meint Daniele.

Mit dem Tourismus haben sich neue Perspektiven für das Dorf eröffnet. Es gibt drei Lokale, ein Bed & Breakfast und ein paar Geschäfte wie seines. Nicht so viele, dass der einzigartige Charakter Monticchiellos in Gefahr wäre, aber genug, um das Leben hier etwas in Schwung zu bringen. Seit einiger Zeit ertönen sogar wieder Kinderstimmen in den Gassen.

Leichtfüßig nimmt Andrea die Stufen der Außentreppe. Er ist noch nicht oben angelangt, da öffnet Vera Petreni bereits die Haustür. In der linken Hand hält sie ihr Handy. Die ehemalige Bürgermeisterin von Pienza trägt ein einfaches Hauskleid und darüber eine blaue Kittelschürze. Als Lehrerin ist Vera nicht mehr tätig, im Gegensatz zu ihrem Mann wurde sie bereits vor einigen Jahren pensioniert.

»Irene ist dran!«

Vera und Andrea setzen sich auf das Sofa vor dem riesigen, übervollen Bücherregal und sprechen mit dem kleinen Bildschirm, auf dem sie das Gesicht ihrer Tochter sehen.

»Wie geht es euch? Ist alles in Ordnung?«

Irene hat gerade ihr Medizinstudium beendet, sie lebt mit ihrem Mann in Deutschland. Vielleicht war es wirklich schon einmal schlimmer – aber junge Leute, die nicht in der Landwirtschaft oder im Tourismus arbeiten wollen, zieht es noch immer fort. Auch Irenes jüngerer Bruder Livio hat einen Universitätsabschluss, er wohnt inzwischen in Mailand.

»*Guarda! C'è il nonno!* Schau! Da ist der Opa!« Ein Paar großer, staunender Augen erscheint auf dem Bildschirm, dann ist das vergnügte Quietschen eines Babys zu hören. An dem Abend, an dem ihr Enkel geboren wurde, sind Vera und Andrea sofort ins Auto gesprungen. Acht Stunden ist Andrea in jener Nacht gefahren, ohne Pause.

»*Ciao, ciao!*« Irene nimmt die Hand ihres kleinen Sohnes und beide winken. »Sag Auf Wiedersehen zu Oma und Opa!«

»*Ciao! Ciao!*«

Der Bildschirm wird schwarz, plötzlich ist es sehr still in der Wohnung. Die Uhr an der Wand tickt leise, aus der Küche riecht es nach Gebratenem.

Andrea zieht vor dem Essen sein Hemd aus und hängt es über die Lehne eines Stuhls. Es gibt *pasta* und danach eine *bistecca*. Sie sprechen über die anstehenden Theaterproben und über die Lesung von Stefano Benni. Während Vera etwas später den Tisch abräumt, geht Andrea nach oben, um eine Stunde zu schlafen.

Bevor er wieder nach Pienza fährt, will er noch nach seinem Garten sehen. Auf einigen Quadratmetern Grünfläche direkt hinter der alten Burgmauer hat Andrea Zucchini, Bohnen, Tomaten und Salat angebaut. Täglich kontrolliert er, dass es den Pflanzen an nichts fehlt, und erntet, was reif ist. Die Mauer ist an dieser Stelle nur noch eine Ruine und so niedrig, dass sich eine einmalige Sicht über das ganze Tal bietet. Die sanften Hügel mit den Weizenfeldern, dazwischen ungeteerte Straßen, die zu den Landgütern und *agriturismi* führen. In der Ferne sind kleine Ortschaften auszumachen.

»Wo man den massiven Turm sieht, das ist Castiglione d'Orcia, das weiter nördlich ist San Quirico. Dahinter liegt Montalcino.«

Alles wirkt sehr idyllisch, klein und unbewegt, beinahe wie eine Modellbaulandschaft. Erst auf den zweiten Blick erkennt man das Auto, das auf einem Feldweg nahe Pienza eine riesige Staubwolke aufwirbelt, und die Fahrradreisegruppe, die sich im Schneckentempo die Straße nach Monticchiello hinaufquält.

»Ja, es ist ruhig hier. Und wir haben von allem ein bisschen weniger.«

Am Fuß des Hügels findet man einen Bäcker, der

eine einzige Sorte ungesalzenes toskanisches Brot verkauft, und ein Geschäft, das man in Deutschland »Tante-Emma-Laden« nennen würde. Einen Supermarkt? Nun, einen kleinen gibt es drüben in Pienza.

»Für manche Touristen ist das ein Problem. Für uns nicht. Wir sind keine *consumisti.*«

Es lebt sich leichter im Val d'Orcia, wenn man nicht allzu konsumorientiert ist. Und wenn man einen Garten hat, aus dem man sein Gemüse bezieht.

Die Mittagspause ist vorüber, Andrea fährt wieder nach Pienza. Am frühen Abend kehrt er nach Monticchiello zurück. Ein Kleinbus aus einem Hotel in Bagno Vignoni hat gerade Gäste hergebracht, damit sie in einem der hiesigen Restaurants bei malerischer Aussicht zu Abend essen können. Zuvor streifen sie in Grüppchen durch den Ort, zücken ihre Handys und fotografieren.

»How wonderful!«

Zwei Engländerinnen betrachten mit leuchtenden Augen das türkisfarbene Sommerkleid, das Daniele heute als Blickfang vor seinem Laden präsentiert. Als er die beiden bemerkt, löst er sich von seinem Laptop, auf dem wie immer das Sportprogramm läuft.

»Bello, eh? Di ottima qualità!« Mit einer einladenden Geste fordert Daniele die Damen auf, den Stoff anzufassen. Sie tun es und nicken einander anerkennend zu.

Nach dem Abendessen fährt Andrea wieder nach Pienza, zum dritten Mal für heute, diesmal mit

Vera an seiner Seite. Sie sind spät dran, um neun Uhr beginnt die Lesung.

Im Innenhof des Palazzo Borgia sind fast alle Stühle besetzt. Applaus brandet auf, als Stefano Benni erscheint. Der berühmte Autor trägt Jeans und ein einfaches Sakko, sein weißer Haarkranz steht in alle Richtungen ab. Er setzt sich an den für ihn aufgestellten Tisch, knipst die Leselampe an und trinkt einen Schluck Wasser. Sein neues Buch liegt schon bereit, er schlägt es an der mit einem Lesezeichen markierten Stelle auf.

Ein kurzer Augenblick der Unruhe im Publikum, Vera und Andrea arbeiten sich durch die Reihen bis zu den zwei freien Plätzen in der Mitte vor. Die beiden setzen sich, es wird wieder still, alle warten gespannt. Ein leises Räuspern, dann beginnt Stefano Benni zu lesen.

Seine Geschichte handelt von einem kleinen Dorf, in dem das Leben stillzustehen scheint. Von Menschen, die sich dem Fortschritt anpassen, und anderen, die das Althergebrachte bewahren und mit allen Mitteln verteidigen wollen. Lohnt sich der Widerstand? In der Welt, die Stefano Benni an diesem lauen Frühlingsabend mit seinen Worten erschafft, ist der Kampf nicht vergeblich. Doch diese Welt ist nicht wie unsere, sondern gleicht einem Traum: Tiere können sprechen, das Einfache, Unscheinbare verbirgt unter seiner Oberfläche die größten Wunder.

Die Sonne ist längst untergegangen, tiefe Dunkelheit legt sich über das Tal. In der Ferne bellt ein Hund. Die Lichter der kleinen Ortschaften in der

Umgebung funkeln wie die Sterne am Himmel. Wer sagt eigentlich, dass dies kein Traum ist?

Hüter des Schatzes

Eine Bootsfahrt rund um Capraia

Die kleine italienische Flagge, die auf dem Steuerruder am Heck der »Margò« im Fahrtwind flattert, sieht arg mitgenommen aus. Die von der Sonne ausgeblichene grüne und die daran angrenzende weiße Fläche sind zwar noch vollständig erhalten, aber vom roten Drittel der *tricolore* ist nach unzähligen Fahrten bei Wind und Wetter rund um die Insel Capraia nur noch ein magerer, zerfranster Streifen übrig.

Auf den ersten Blick wirkt Giovannis Gefährt wie ein größeres Ruderboot, es verfügt weder über einen Mast noch über eine Kabine. Trotzdem kann er auf der »Margò« etwa zehn Passagiere bequem unterbringen.

Heute, an einem heißen Sommertag, sind die Bedingungen beinahe perfekt: Es herrscht kaum Seegang, das Meer und der Himmel strahlen tiefblau um die Wette. Allerdings ist es sehr heiß, doch der stets gut gelaunte Skipper mit dem braun gebrannten Gesicht und dem dichten, von grauen Strähnen durchzogenen Haarschopf hat seinen deutschen und italienischen Gästen versprochen: »Später halten wir in einer schönen Bucht, da können Sie sich im Wasser erfrischen!«

Aber noch ist es nicht so weit. Zunächst umkurvt Giovanni die Landzunge nahe dem Hafen, auf der der Leuchtturm steht.

»Vollautomatisch«, erklärt er seinen Passagieren. »Wird vom Festland aus gesteuert. In dem Gebäude, in dem früher der Leuchtturmwärter gewohnt hat, ist jetzt die Guardia Costiera untergebracht.« Giovanni justiert das Steuerruder neu, es geht nun in Richtung Süden, immer an der Küste entlang.

Capraia, etwa acht Kilometer lang, bis zu vier Kilometer breit und offiziell von etwa vierhundert Menschen bewohnt, ist nach Elba und Giglio die drittgrößte der sieben Inseln, die zum Toskanischen Archipel gezählt werden. Und sie ist diejenige, die am weitesten vom Festland entfernt liegt. Von hier erreicht man schneller die Nordspitze Korsikas als den Hafen von Livorno, von dem aus täglich mindestens eine Fähre zur zweieinhalbstündigen Fahrt nach Capraia ablegt. Neben den Verbrauchsgütern für das tägliche Leben werden heute hauptsächlich Touristen transportiert. Vor einigen Jahrzehnten war das noch anders.

Der gerade erst vereinigte italienische Staat unterhielt im 19. Jahrhundert auf dreien seiner weit draußen im Tyrrhenischen Meer gelegenen Eilande – Pianosa, Gorgona und Capraia – landwirtschaftliche Strafanstalten, in denen die Gefangenen unter anderem in der Fischerei, der Viehzucht und der Olivenölproduktion arbeiteten. Das Gefängnis auf Capraia blieb bis in die achtziger Jahre des 20. Jahrhunderts in Betrieb.

Diese Ära hat die Insel nachhaltig geprägt, und nicht wenige behaupten, sie habe die bis dahin dort herrschende Kultur und Lebensweise zerstört. Viele Bewohner wanderten ab, ihre Sitten und Bräuche verschwanden mit ihnen. Der dem Korsischen ähnelnde Dialekt Capraias wurde durch die Sprache des Personals und der Häftlinge verdrängt. Die Pinien, die in dieser Zeit entlang der Hauptverbindungswege des Gefängniskomplexes gepflanzt wurden, damit sie während der heißen Sommermonate Schatten spendeten, neigen sich bedenklich. Die Bäume sind hier nicht heimisch und haben deshalb Mühe, den berüchtigten Stürmen standzuhalten, die jeden Winter über die Insel fegen.

»In dieser Zeit sind wir hier draußen unter uns!« Der Skipper lacht. »Vom Festland will im Winter kaum jemand hierher. Oft kommt die Fähre wegen des Seegangs sowieso nicht durch. Das Leben ist dann sehr ruhig. Wir verkriechen uns in unseren Häusern, um uns bis zur nächsten Saison zu erholen«, fügt er augenzwinkernd hinzu.

Viele Gebäude der Strafanstalt stehen heute leer und verfallen nach und nach, wie etwa die idyllisch zwischen terrassenartig angelegten Olivenhainen befindliche Ruine der ehemaligen Käserei. Andere haben eine neue Bestimmung erlangt. Das einstige Haus des Direktors beispielsweise ist nun das Rathaus von Capraia, und die Ziegenställe wurden kurzerhand zu einem *agriturismo* umgebaut.

»Fast alle leben hier jetzt vom Tourismus«, sagt Giovanni. Es sind aber nicht, wie etwa auf Elba, die großen Massen an Urlaubern, die sich für Capraia interessieren. »Dafür gäbe es bei uns ja auch gar nicht die Infrastruktur. Hierher kommen Individualtouristen, die einen Tauchkurs absolvieren oder in Ruhe wandern und dabei die Aussicht aufs Meer genießen möchten.«

Die »Margò« passiert malerische Buchten, einige dunkle Grotten und dann den Scoglio del Gatto – eine vor der Küste aus dem Wasser ragende Felsformation, deren Spitze aus der Ferne wie eine sitzende Katze anmutet. Bald darauf ist das südliche Ende der Insel erreicht.

»*La cala rossa*«, verkündet Giovanni. »*Attenzione, è spettacolare!* – Achtung, es ist spektakulär!«

Er verspricht nicht zu viel, es ist wirklich ein Spektakel: Während das Boot gemächlich einen weiteren Felsvorsprung umkurvt, schiebt sich die im Sonnenlicht feuerrot gleißende, senkrecht ins Meer abfallende Wand aus uraltem Lavagestein ins Sichtfeld der Passagiere. Reihum werden Smartphones und Kameras gezückt, um diesen einzigartigen Anblick auf Fotos festzuhalten.

»Diese Bucht ist der Rest eines teilweise eingestürzten Vulkankraters. So ist dieses unglaubliche Farbenspiel entstanden.«

Die schnurgerade, wie mit dem Lineal gezogene Linie, die den Übergang vom hellgrauen zum leuchtend roten Fels markiert, erscheint fast zu exakt, um nicht von Menschenhand geschaffen zu sein.

Auf dem Südkap der Insel thront der Torre dello Zenobito, ein Turm aus dem 16. Jahrhundert, den die damaligen Machthaber aus Genua errichteten. Die hatten einst die Herrschaft über Capraia von der rivalisierenden Seemacht Pisa übernommen und sie in eine Verwaltungseinheit mit der fortan ebenfalls von Genua beherrschten Insel Korsika gestellt. Als Korsika im Jahr 1768 französisch wurde, blieb Capraia jedoch im Besitz der italienischen Hafenstadt. Erst 1925, lange nach der Einigung Italiens, wurde die Insel, die nunmehr ein Straflager war, schließlich der Toskana zugeteilt.

Nachdem der südlichste Punkt umrundet ist, geht es entlang der zerklüfteten Westküste Capraias nun immer in Richtung Norden. Die »Margò« passiert ein etwas größeres Boot, das unweit einer Gruppe von Felsen vor Anker liegt. An Bord wird mit Sauerstoffflaschen hantiert, offenbar bereitet man sich auf einen Tauchgang vor. Giovanni winkt dem Kollegen am Steuer zu.

»Hier liegt eines der besten Tauchreviere der Insel«, erklärt er seinen Passagieren. »Allerdings ist die Strömung an der Westseite relativ stark. Anfänger sollten die Ostküste wählen, wo es ungefährlicher, aber die Unterwasserwelt nicht weniger faszinierend ist. Hier unten«, er deutet über die Reling auf die an diesem fast windstillen Tag spiegelglatte Wasseroberfläche, »findet man die wahren Schätze Capraias.«

Der Toskanische Archipel stellt das größte Meeresschutzgebiet Europas dar. Fischerei, Wassersport und Schiffsverkehr sind in den Zonen rund um die Inseln streng reglementiert.

»Deshalb erleben Taucher hier einen Artenreichtum wie an kaum einem anderen Ort im Mittelmeer«, schwärmt Giovanni. »Korallen und Seesterne, Muränen, Barsche, Delfine, Seepferdchen – *tutto!* Alles, was Sie sich nur vorstellen können!«

Nicht nur auf Capraia müssen Einheimische und Touristen Regeln beachten, die helfen sollen, diesen Reichtum zu bewahren. Am strengsten geschützt ist Montecristo – das etwas weiter im Süden liegende, unbewohnte Eiland, dem Alexandre Dumas mit seinem berühmten Roman »Der Graf von Monte Christo« ein Denkmal setzte. Die Besucherzahl ist dort auf tausend Menschen pro Jahr begrenzt, um Störungen des empfindlichen Ökosystems zu verhindern. Außerdem ist das Baden verboten, Schiffe und Segeljachten dürfen sich der Insel nur bis auf einen Kilometer nähern.

»In einem Naturreservat zu arbeiten macht vieles komplizierter«, meint Giovanni. »Andererseits leben die meisten von uns davon, dass Menschen kommen, um die Tier- und Pflanzenwelt des Archipels zu erleben. Deshalb verstehen wir uns auch als Hüter dieses Schatzes.«

Nach mehr als eineinhalb Stunden Fahrt nähert sich die »Margò« der Punta della Teglia an der Nordspitze Capraias. Endlich ist der Zeitpunkt für die langersehnte Erfrischung gekommen. Während sich seine Gäste unter lautem Jauchzen und Gelächter in das glasklare Wasser stürzen und zu den kargen Felsen schwimmen, die hier eine vor der Strömung geschützte Bucht bilden, sitzt Giovanni noch immer hinter dem Steuerruder. Auch auf seiner Stirn glänzen inzwischen Schweißperlen, doch er sagt: »Jemand muss hierbleiben und den Überblick behalten.« Und dieser Jemand ist nun mal er.

Ob er manchmal genug davon habe, Capraia in einem Boot voller Touristen zu umrunden und dabei immer dieselben Geschichten zu erzählen? Giovanni schüttelt energisch den Kopf.

»*Mai!* Niemals! Ich darf jeden Tag hier draußen verbringen, am schönsten Ort der Welt. Und ich helfe anderen, diese Schönheit zu entdecken. Was könnte es Besseres geben?«

Von Pilgern, Raubrittern und Kirchenmännern

Auf der Via Francigena

Der Morgennebel, der wie ein Schleier über dem Land gelegen war, hat sich in der Sonne aufgelöst, und die Rocca di Radicofani ist nun schon aus weiter Entfernung gut zu erkennen. Schroff ragt der trapezförmige Fels aus seinem sanft gewellten Umland hervor, und auf seiner Spitze reckt sich ein zinnenbewehrter, von hohen Burgmauern umgebener Turm in den azurblauen Himmel.

Die beiden Wanderer, die früh von San Quirico aufgebrochen sind und sich jetzt kurz vor Castiglione d'Orcia befinden, halten inne, wechseln ein paar Worte und erfrischen sich mit ein paar Schlucken aus ihren stets griffbereiten Wasserflaschen. Ihre Blicke schweifen über das Tal, das sich malerisch vor ihnen ausbreitet. Doch immer wieder wird ihre Aufmerksamkeit von der *rocca* angezogen, dem Endpunkt der heutigen Etappe. Den Anblick imposanter Verteidigungsanlagen aus längst vergangenen Zeiten sind die beiden Pilger bereits gewohnt. Sie haben die mittelalterlichen Wolkenkratzer von San Gimignano gesehen und die mit vierzehn Türmen verstärkte Mauer, die das unweit von Siena gelegene Städtchen Monteriggioni umgibt. Doch die lange als uneinnehmbar geltende

Festung von Radicofani hat ihre eigene, düstere und faszinierende Aura.

Die Pilger wischen sich mit Taschentüchern den Schweiß von der Stirn, befestigen ihre Wasserflaschen wieder an ihren großen Rucksäcken und rücken ihre Sonnenhüte zurecht. Dann geht es Schritt für Schritt weiter, zunächst ein Stück bergauf, vorbei an Oliven- und Mandelbäumen, bald darauf wieder hinunter, auf einem ungeteerten Weg, der durch Weizenfelder und Weinberge führt. Noch fünfundzwanzig Kilometer bis Radicofani, und von dort noch weitere hundertsiebenundachtzig Kilometer bis zum Petersplatz in Rom, dem Ziel ihrer Reise.

Im Jahr 990 beschrieb der Erzbischof von Canterbury die sogenannte Via Francigena, die »Frankenstraße«, auf der zu seiner Zeit die Pilger aus dem Norden in Richtung Rom strömten. Der Kirchenfürst selbst war auf dieser Strecke nach Rom gelangt, um sich dort sein Pallium – den Bischofsschal – abzuholen. Über den Rückweg in seine Heimat legte er einen detaillierten Bericht ab, dieser nennt achtzig Stationen auf einer Strecke von mehr als tausendsechshundert Kilometern.

Die Beschreibung des Erzbischofs überliefert die Etappen eines Weges, den von nördlich der Alpen kommende Reisende wohl schon Jahrhunderte vor ihm genommen hatten: Sie betraten das heutige Italien über den Sankt-Bernhard-Pass und das Aostatal, erreichten einige Tagesreisen später im ligurischen La Spezia die Küste und begaben sich von dort in Richtung Süden, in das Gebiet der heutigen Toskana. Es ging vorbei an den Marmorsteinbrüchen von Carrara bis nach Lucca, man überschritt den Arno bei San Miniato und machte sich dann auf den Weg über San Gimignano bis nach Siena, bevor man südlich davon eine Grenze erreichte, an der einst der Kirchenstaat begann und die heute die Toskana von der Region Latium trennt.

Neben dem Herbergswesen florierte der Handel entlang der Strecke. Der unablässige Strom von Pilgern und Kaufleuten machte die am Weg liegenden Siedlungen wohlhabend und ließ einige von ihnen zu imposanten Städten anwachsen. Das weckte selbstverständlich Begehrlichkeiten: Florenz und Siena, die beiden aufstrebenden Stadtstaaten, die sich in den kommenden Jahrhunderten zu den schärfsten Rivalen in der Toskana entwickeln sollten, aber auch Städte wie Pisa, Arezzo oder Lucca versuchten in einer schier endlosen Folge von Kriegen und Scharmützeln die reichen Niederlassungen unter ihre Kontrolle zu bringen.

Zwischen all dem betrieben skrupellose Raubritter ihr eigenes Geschäft: Sie überfielen reiche Pilger und stahlen, was diese bei sich hatten, oder entführten sie, um Lösegeld zu erpressen. Um der Strafverfolgung zu entgehen, suchten sich die Räuber einflussreiche Verbündete unter den Stadtstaaten, außerdem verfügten sie in der Regel über gut verteidigte Rückzugsorte – wie die uneinnehmbare Festung auf der Rocca di Radicofani.

Dort hauste um 1300 ein Mann namens Ghino di Tacco, einer der berüchtigtesten Burgherren dieser

Gegend. Bereits als Jugendlicher soll Ghino die Gegend um Siena gemeinsam mit seinem Vater, seinem Onkel und seinem Bruder unsicher gemacht haben. Diese *banda di quattro* nahm sich das Recht, zu stehlen und zu rauben, weil die Herren von Siena im Auftrag des Papstes angeblich viel zu hohe Steuern verlangten. Irgendwann wurde die Bande verhaftet, man richtete den Vater und den Onkel auf dem *campo* in Siena hin – und ließ den minderjährigen Ghino laufen, obwohl dieser zweifellos längst auf Rache sann.

Und er bekam seine Rache, wenn auch erst viele Jahre später: Mit vierhundert Mann soll Ghino di Tacco damals nach Rom marschiert sein, zum Verbündeten der verhassten Sienesen, mitten in das Machtzentrum der Christenheit. Dort brachte er Benincasa di Laterina – den Mann, der seinen Vater verurteilt hatte und danach bis zum Richter am Hof des Papstes aufgestiegen war – in seine Gewalt. Benincasas abgetrennter Kopf, so die Überlieferung, habe sich nach dessen Ermordung für lange Zeit, auf eine Lanze gespießt, am höchsten Punkt der Burg von Radicofani befunden.

Spätestens jetzt besaß der Name Ghino di Tacco bei seinen Zeitgenossen einen Ruf wie Donnerhall. Vor allem diejenigen unter den Pilgern auf der Via Francigena, die über Wertsachen und eine gut gefüllte Reisekasse verfügten oder aus einer wohlhabenden Familie stammten und deshalb hohes Lösegeld verhießen, mussten auf der Hut sein, sobald sich am Horizont die Silhouette der Rocca di Radicofani abzeichnete.

Auch der Abt des reichen französischen Klosters von Cluny wird von dem Raubritter gehört haben, bevor er auf der Rückreise von Rom mit seinem Gefolge bei einer der heißen Quellen am Monte Amiata haltmachte, in der Hoffnung, durch das Heilwasser eine Linderung seiner chronischen Bauchschmerzen zu erfahren. Als Ghino di Taccos Schergen ihn entführten und in die Festung von Radicofani verschleppten, wo er bei karger Kost in ein finsteres Verlies gesperrt wurde, dürfte dem Abt klar gewesen sein, dass sein Leben in höchster Gefahr war.

Die beiden Wanderer haben bereits mehr als die Hälfte dieser Etappe hinter sich gebracht, die eine der längsten der italienischen Via Francigena ist. Der Weg, der bisher auf meist ungeteerten Straßen durch Wiesen und Felder verlief, führt sie nun, da sich zu ihrer Rechten die Ostflanke des Monte Amiata erhebt, für einen kurzen Abschnitt die Via Cassia entlang. Bereits in der Antike von den Römern angelegt, ist diese heute eine viel befahrene Schnellstraße.

Die Wanderer werden hier nicht nur von unzähligen Autos und Lastwagen überholt, sondern auch von Gruppen, die mit unmotorisierten Zweirädern unterwegs sind. Fahrradpilger nutzen wegen der vielen Hügel in der Toskana oft Alternativrouten, doch auf der Via Cassia teilen sich Fußgänger und Radfahrer für ein paar Kilometer dieselbe Strecke.

Noch vor einigen Jahrzehnten hätte man es wohl kaum für möglich gehalten, dass die Via Francigena jemals wieder so vielen Menschen ein Begriff sein würde. Mit dem Schwinden der kaiserlichen Macht in Italien und dem damit einhergehenden Aufstieg der Stadtstaaten Florenz und Siena verlor die alte Frankenstraße schon im ausgehenden Mittelalter zunehmend an Bedeutung – bis sie schließlich beinahe komplett in Vergessenheit geriet.

Im 20. Jahrhundert, in der Zeit von Eisenbahn, Automobil und Flugzeug, waren weite Pilgerreisen zu Fuß ohnehin längst zu einem Anachronismus geworden. Doch in den neunziger Jahren setzte ein unerwartetes Revival ein. Vor allem auf dem ganz Europa durchziehenden Netz der Jakobswege, die aus jedem Winkel des Kontinents bis ins spanische Santiago de Compostela führen, suchten fortan wieder Menschen nach dem besonderen Erlebnis, dem Abenteuer der Selbstfindung von Etappe zu Etappe.

Im Kielwasser des Jakobsweg-Booms wurden bald andere klassische Pilgerstrecken wiederbelebt – darunter auch die Via Francigena, die auf Betreiben der italienischen Regierung 1994 den Titel »Kulturweg Europas« erhielt. Damals ließ die Infrastruktur entlang der Strecke noch viele Wünsche offen, es fehlte an Herbergen und die Ausschilderung war mangelhaft.

Daran hat sich zumindest auf dem italienischen Teil der Via Francigena inzwischen viel geändert. Klagen über fehlende Wegmarkierungen sind kaum mehr zu vernehmen. Es gibt außerdem detaillierte Wanderführer, eine offizielle Website mit Informationen zu jeder Etappe und natürlich auch eine Via-Francigena-App, die den modernen Pilger mithilfe des GPS-Signals zu seinem Ziel führt. Was vor Jahren noch ein etwas exzentrisches Unternehmen für sportliche Abenteurer war, ist so zu einem Erlebnis für alle geworden, die gut zu Fuß sind und ein wenig Ausdauer mitbringen.

Nachdem sie die Via Cassia wieder verlassen haben, folgen die beiden Wanderer einer kleineren Straße in Richtung Osten. Es ist nicht mehr weit, und der nun deutlich sichtbare Turm der Festung von Radicofani weist den Pilgern zuverlässig den Weg. Schon nach wenigen Hundert Metern ist das dröhnende Motorengeräusch der Lastwagen, Motorräder und Pkw auf der Schnellstraße zu einem leisen Hintergrundrauschen verklungen, das sich mit jedem weiteren Schritt mehr verflüchtigt. Kurz darauf hört man nur noch das Zirpen der in den Sträuchern am Straßenrand verborgenen Grillen, unterbrochen vom gelegentlichen Zwitschern eines Vogels und dem knirschenden Geräusch der Wanderschuhe auf dem Kiesweg.

Bevor das Ziel für diesen Tag erreicht ist, müssen die Wanderer noch eine letzte Strapaze überstehen. Es geht nun steil bergauf, und das bei noch immer drückender Hitze, mit bereits ziemlich schweren Beinen und längst geleerten Wasserflaschen. Der Blick nach oben ernüchtert: Die Festung auf dem Gipfel der *rocca* ist noch ein gutes Stück entfernt. Doch glücklicherweise müssen die Pilger am Ende dieser langen Etappe nicht bis dort hinauf, denn die kleine, noch heute mittelalterlich anmutende Ortschaft Radicofani, in der sie übernachten werden, liegt etwas unterhalb der Burg.

Hinter den Mauern von Radicofani passieren die Wanderer das steinerne Abbild eines etwas schmächtigen, grimmig dreinblickenden Mannes, der eine Rüstung trägt und sich auf sein Schwert stützt. Die Inschrift auf dem schlichten Sockel lautet: »Ghino di Tacco«. Wer das wohl war? Ratlose Blicke werden ausgetauscht. Erst Stunden später, nachdem sie die Herberge gefunden und ein günstiges und reichliches »pilgrim menu« in einer kleinen *osteria* zu sich genommen haben, werden die beiden Wanderer in ihrem Reiseführer lesen, dass es sich bei Ghino di Tacco um einen der gefürchtetsten Räuber seiner Zeit handelte, dessen blutige Taten sogar in den Werken Dantes und Boccaccios Niederschlag fanden.

Warum so jemandem ein Denkmal errichtet wurde? Nun, zu seinen Lebzeiten mag er für viele nicht mehr als ein grausamer Räuber gewesen sein. Doch manche seiner Zeitgenossen rühmten ihn auch dafür, dass er die reichen Pilger an der Via Francigena bestahl, um den Armen zu helfen, derer sich sonst niemand annahm.

Heute kennt man die Geschichten, die sich um Ghino di Tacco ranken, in allen Regionen Italiens. So manche Legende hat aus ihm einen Verbrecher mit edlen Motiven gemacht, einen Mythos, der dem britischen Pendant Robin Hood erstaunlich nahekommt. Wie weit diese Erzählungen von der historischen Wahrheit entfernt sind, ist allerdings schwer zu ergründen, denn die Quellenlage ist dürftig.

Beim Papst soll sich einst jedenfalls kein Geringerer als der Abt von Cluny für die Rehabilitierung Ghino di Taccos eingesetzt haben. Der Kirchenmann ließ in Rom ausrichten, dass man ihm entgegen seinen Befürchtungen während der Gefangenschaft in der Festung von Radicofani kein Haar gekrümmt habe. Im Gegenteil: Er sei beim Verlassen der Burg sogar gesünder gewesen als beim unfreiwilligen Betreten derselben. Denn nur die karge, auf das Notwendigste reduzierte Kost im Verlies von Ghino di Tacco habe vermocht, was zuvor durch nichts und niemanden gelungen war: den Abt von seinen chronischen Bauchschmerzen zu befreien.

Über den Dingen

Das European University Institute in Fiesole

La storia fiorentina è la storia tipica di una città nella quale l'intelligenza predomina.

Die Geschichte von Florenz ist die typische Geschichte einer Stadt, in der die Intelligenz vorherrscht.

GUIDO PIOVENE

Fiesole liegt zweihundert Meter über Florenz. Zweihundert Meter über den Uffizien, die einige der bedeutendsten Kunstschätze der Welt beherbergen, über dem Arno und den Juweliergeschäften auf dem Ponte Vecchio, über der Piazza della Signoria mit der Replik von Michelangelos David. Zweihundert Meter über den täglich von unzähligen Touristen gefluteten Straßen und Gassen, Bars, Restaurants und Geschäften der toskanischen Hauptstadt, über Brunelleschis unverkennbarer Kuppel, die gemeinsam mit dem *campanile* von Santa Maria del Fiore ein einzigartiges, aus dem Florentiner Häusermeer ragendes Wahrzeichen bildet.

In geschützter Berglage, umgeben von einer Befestigungsmauer, lag schon Jahrhunderte vor der Gründung von Florenz eine bedeutende Ansiedlung der Etrusker namens Viesul. Später wurde Fiesole zum Rückzugsort einer Florentiner Oberschicht, die der Enge, dem Gestank und dem Lärm der Großstadt entkommen wollte. Im 14. Jahrhundert beschrieb Boccaccio in seinem »Decamerone« anschaulich, wie sich die Menschen in die hiesigen Villen zurückzogen, während unten die Pest erbarmungslos wütete. In den letzten Jahrhunderten zog die besondere, dem Gewöhnlichen enthobene Atmosphäre des Ortes Künstler wie Arnold Böcklin und Paul Klee sowie Schriftsteller wie Alexandre Dumas, Henry James oder Marcel Proust an. Heute ist die Vierzehntausend-Einwohner-Stadt Fiesole ein Vorort der Wohlhabenden – und eine der reichsten Gemeinden Italiens.

Auf der Piazza Mino findet an diesem Sonntag Anfang März ein Flohmarkt statt. An den meisten Verkaufsständen stapeln sich alte Bücher und Zeitschriften. Aber auch Möbel, mehr oder weniger stilvolle Dekorationsobjekte, Geschirr und Spielzeug werden feilgeboten. Es herrscht Gedränge, viele Florentiner nutzen die Gelegenheit für einen Ausflug. Die Tische vor den Bars und Restaurants, die den Platz umgeben, sind allesamt besetzt. Die einen diskutieren angeregt, andere lassen sich entspannt die Sonne ins Gesicht scheinen, man isst eine Kleinigkeit, trinkt Aperol Spritz oder einen *caffè*.

Paul hat nichts dagegen, sich einfach auf die Stufen vor der Chiesa di Santa Maria Primerana zu setzen, wo es etwas stiller ist und man sich bei bester Aussicht auf das bunte Treiben ungestört unterhalten kann.

»Ich bin gar nicht sicher, ob ich über das Leben in Florenz etwas Interessantes zu berichten weiß.« Er nimmt einen Bissen von seinem *panino* und kaut nachdenklich, bevor er weiterspricht. »Ich bin zwar schon ein halbes Jahr hier, aber Kontakt zu Einheimischen habe ich relativ wenig. Das EUI ist schon ein bisschen eine eigene Welt.«

Paul absolviert den Masterstudiengang im Fach Jura am European University Institute, einer renommierten Lehr- und Forschungseinrichtung der Europäischen Union. Die Plätze dort sind begehrt. Studenten, Doktoranden und Forscher aus der ganzen Welt finden hier exzellente Bedingungen vor, und das in einem höchst repräsentativen Umfeld. Das »Hauptgebäude« des EUI – die Badia Fiesolana – ist eine von Cosimo de' Medici errichtete Renaissancevilla. Zu den zwölf weiteren Standorten des Instituts zählen das Kloster, in dem der berühmte Maler Fra Angelico als Mönch lebte, und das prächtige Anwesen mit dazugehörigem Park, in das Boccaccio einst die Rahmenhandlung des »Decamerone« verlegte.

Florenz gilt bei den meisten nicht als echte Metropole, schließlich handelt es sich nur um die achtgrößte Stadt Italiens. Doch als kulturgeschichtliches Zentrum, Wiege der Renaissance und Keimzelle des modernen Banken- und Wirtschaftswesens verfügt die Stadt neben ihrem noblen Ambiente über eine historische Strahlkraft, die auch andere international führende Forschungseinrichtungen wie die Harvard-Universität dazu animiert hat, hier eigene Campusse einzurichten.

»Mit den Amerikanern messen wir uns auch im Basketball«, erklärt Paul. Er spielt im Team des EUI.

Wer am Institut forscht oder lernt, kann aus

einem vielfältigen Freizeitangebot wählen: Es gibt ein eigenes Fitnessstudio und einen Trainingsplatz, viele verschiedene Sportgruppen, außerdem einen Chor, eine Theatervereinigung, Diskussionsrunden – und wer will, kann sich sogar mit Gleichgesinnten zum gemeinsamen Stricken treffen.

So angenehm und praktisch das alles ist – Paul wünscht sich mehr Kontakt zu den Einheimischen. Er möchte hinaus aus dem »Biotop der Ausländer«, wie er es nennt. »Ich habe mir gerade eine neue Unterkunft gesucht, die etwas zentraler liegt. Vielleicht hilft das.«

Das *panino* hat er inzwischen aufgegessen, jetzt kramt Paul einen Tabakbeutel aus seinem Rucksack hervor und beginnt, eine Zigarette zu drehen. Ob er in Rom, wo er zuletzt ein Jahr verbracht hat, das Gefühl hatte, näher am Alltag der dort lebenden Menschen zu sein?

»Ja, natürlich. Aber da war ich an der Sapienza, einer italienischen Universität mit vielen einheimischen Studenten. Außerdem ist Rom ganz anders als Florenz. Größer, chaotischer und schmutziger, aber irgendwie auch wärmer. Wenn ich hier mit meiner Vespa durch den geordneten Stadtverkehr fahre, bin ich manchmal richtig enttäuscht.« Er lacht. »Andererseits kann ich, wenn ich in Florenz auf den Bus warte, damit rechnen, dass er auch kommt. Das ist zweifellos ein Vorteil.«

Und das Studium?

Paul seufzt, zündet sich die Zigarette an und denkt einige Momente lang nach, bevor er antwortet:

»Die Sapienza in Rom ist eine sehr traditionelle Einrichtung. Da sind die Professoren unantastbar, jeder ist ein kleiner König. Dieses althergebrachte hierarchische Denken ist an italienischen Universitäten überhaupt noch viel stärker verankert. Am EUI gibt es das nicht, dort begegnet man einander natürlich mit Respekt, aber doch auf Augenhöhe. Der Kontakt zu den Dozenten ist sehr gut, und die Bedingungen, unter denen man hier studiert, sind anderswo kaum vorstellbar.«

Neben Jura gibt es am EUI Lehrstühle für Geschichte, Wirtschaft sowie für Politikwissenschaften und Soziologie. Die Absolventen profitieren vom hervorragenden Ruf des Instituts und von dem persönlichen Netzwerk, das sie sich während ihres Aufenthalts in Florenz aufbauen. Das steigert natürlich die Karrierechancen. Überdurchschnittlich viele der hiesigen Doktoranden bleiben im Forschungsbetrieb, nicht wenige besetzen später Lehrstühle an renommierten Universitäten. Daneben lockt die Möglichkeit, einen bedeutenden Posten in einer Institution der EU zu übernehmen. Schließlich wurde das EUI in den siebziger Jahren nicht ohne Grund auf Initiative von deren Vorgängerorganisation, der EWG, ins Leben gerufen.

»Manchmal hat man schon den Eindruck, sich in einer Art Kaderschmiede zu befinden«, meint Paul. »Deshalb achte ich darauf, immer wieder über den Tellerrand des Instituts zu blicken.«

Dann raucht er schweigend und kneift zum Schutz vor der Sonne ein wenig die Augen zusammen, während eine sanfte Brise das Stimmengewirr von den Verkaufsständen des Flohmarkts herüberweht.

Unweit von ihm hat sich ein junger Mann ebenfalls auf die Stufen gesetzt. Er trägt ein kariertes Hemd und einen schwarzen Hut, auf seinen Knien liegt ein Block, in den er mit Bleistift skizziert. Er hat sich ein reizvolles Motiv ausgesucht: die Piazza Mino mit dem schlanken *campanile* der Kathedrale, der herrschaftlichen Fassade des Bischofspalastes und im Vordergrund dem Bronzemonument »L'incontro di Teano«, das Vittorio Emanuele II. und Giuseppe Garibaldi überlebensgroß und in Uniform jeweils zu Pferd darstellt.

Paul ist für seine fünfundzwanzig Lebensjahre schon ziemlich weit herumgekommen: erst ein Jahr als Au-pair in Stockholm, dann Studienaufenthalte in München, Berlin, Rom und nun Florenz. Er hat Bekannte in ganz Europa – und nicht nur dort: Diesen Sommer möchte er gemeinsam mit einem Freund dessen Familie in China besuchen. Bald wird er seinen Master in der Tasche haben, weshalb er sich bereits für eine Stelle als Doktorand am EUI beworben hat. Würde er angenommen, hieße das: drei weitere Jahre in der toskanischen Hauptstadt. Ist Italien also das Land seiner Wahl?

Paul schüttelt den Kopf. »Ich habe mich in erster Linie wegen der hervorragenden Bedingungen beworben, die am European University Institute herrschen, und nicht weil es in Florenz oder in Italien liegt.«

Er schweigt für ein paar Sekunden, dann fügt er hinzu: »Aber ich muss zugeben, dass ich die Faszination dieses Landes inzwischen gut verstehe. Ich hätte vorher nicht gedacht, dass ich mich so sehr an das italienische Lebensgefühl gewöhnen würde.« Dann spricht er vom Nachtleben in Prato, das weitaus lebendiger und für junge Leute attraktiver sei als die Kneipenszene in der teuren und stets von Touristen belagerten Florentiner Innenstadt. Außerdem berichtet Paul von regelmäßigen Ausflügen zu seinen Freunden in Rom, aber auch von Fahrten in die quirlige Studentenstadt Bologna. Und dann ist da noch etwas: »Wenn man nicht nur ein paar Tage in der Toskana Urlaub macht, sondern hier lebt, dann spürt man erst, dass das besondere Licht, das jedem sofort auffällt, eine wirklich prägende Kraft hat. Jetzt, im März, geht die Sonne am frühen Abend unter, da bin ich meistens noch in der Bibliothek. Oft versammeln sich die Studenten und Forscher, die aus den unterschiedlichsten Winkeln der Welt kommen, draußen auf der Terrasse und sehen sich an, wie die Dächer von Florenz in tiefes Rot getaucht werden. Das ist einmalig – man kann es nicht beschreiben, man muss es selbst erleben.«

Ein leises Rascheln ist zu hören, als der Zeichner Bleistift und Block in seine Umhängetasche steckt. Dann steht er auf, rückt seinen Hut zurecht und schlendert in Richtung des Flohmarkts.

Auch Paul muss jetzt los. Seine Vespa steht in der Gasse, die zu den Ruinen des römischen Theaters führt, einer der größten Touristenattraktionen Fiesoles.

»Im Theater findet immer die Einführungsveranstaltung für die Neuen im EUI statt. Ist natürlich ein toller Rahmen.« Paul grinst. »Ich habe am ersten Tag gleich drei Münchener getroffen. Die Welt ist kleiner, als man denkt.«

Er setzt seinen Helm auf, lässt den Motor seines Rollers aufheulen, winkt zum Abschied und braust dann auf der Via Fra Giovanni da Fiesole detto l'Angelico davon. Die Straße schlängelt sich aus den luftigen Höhen des Nobelvororts den Hang hinab, vorbei am Kloster San Domenico bis in das Viertel Le Cure und weiter in das Herz von Florenz, zum Dom und den Uffizien, zur Piazza della Signoria, zum Arno und dem Ponte Vecchio mit seinen Juweliergeschäften.

Wahre Liebe zwischen Glamour und Kommerz

Die Mille Miglia in der Toskana

»Wenn Gott wollte, dass wir zu Fuß gehen, warum hat er uns dann Füße gegeben, die perfekt auf die Pedale des Autos passen?«
STIRLING MOSS

Der signalrote Ferrari F50 ist noch ein paar Hundert Meter entfernt. Doch das letzte Stück vor der zwischen Weizenfeldern, Olivenbäumen und Weinstöcken gelegenen Kreuzung, an der zwei Beamte der Polizia Stradale neben einer Handvoll Schaulustiger postiert sind, verläuft schnurgerade, sodass man gut beobachten kann, wie sich der Sportwagen zügig nähert. Das Dröhnen seines Zwölfzylindermotors wird lauter. Das Auto beschleunigt, es ist flach und breit, liegt sehr tief auf der Straße, gelegentlich scheint es in einer zuckenden Bewegung nach rechts oder links ausbrechen zu wollen. Die Kraft von mehr als fünfhundert Pferdestärken ist auf dem holprigen Asphalt im Orcia-Tal offenbar nur schwer zu bändigen. Seine Höchstgeschwindigkeit von weit über dreihundert Stundenkilometern wird der Wagen hier nicht im Ansatz erreichen.

Kurz vor der Kreuzung bremst der Ferrari ab, das Auto nähert sich beinahe zögerlich, während die Zuschauer die Gelegenheit nutzen, um ihre Handys zu zücken und es zu fotografieren. Einer der Polizisten signalisiert mit einer kurzen Handbewegung: Die Bahn ist frei. Im nächsten Augenblick kreischt der Motor des Ferraris auf, und der Sportwagen rast pfeilschnell davon. Die letzten Aufnahmen der Schaulustigen zeigen den imposanten Heckspoiler, unter dem das berühmte springende Pferd – *il cavallino rampante* – prangt.

Kaum ist der F50 in einer lang gezogenen Linkskurve verschwunden, wenden sich alle Anwesenden in die entgegengesetzte Richtung. Unterbrochene Diskussionen werden wieder aufgenommen, ein Zuschauer, der eine Kamera mit riesigem Objektiv bei sich trägt, wechselt die Straßenseite und sucht akribisch nach der optimalen Position, um später das bestmögliche Foto zu schießen. Eine fast mit den Händen zu greifende Spannung liegt in der Luft, und es ist klar: Das Wesentliche kommt erst. Denn es sind nicht die modernen Sportwagen, auf die heute hier gewartet wird – streng genommen bilden diese nur die Vorhut.

Viel langsamere und deutlich ältere Gefährte sorgen in zahlreichen norditalienischen Ortschaften und Landstrichen jedes Jahr ein paar Tage im Mai für Ausnahmezustand. Es ist die Zeit der Mille Miglia, bei der sich alles um Ferraris, Bentleys, Bugattis, Maseratis, Alfa Romeos und viele weitere Automobilfabrikate aus den Jahren vor 1957 dreht.

Was heute unter diesem klangvollen Namen veranstaltet wird, ist die Neuauflage eines klassischen Straßenrennens, das Ende der fünfziger Jahre nach einem schweren Unglück eingestellt wurde. In den Dekaden zuvor hatten sich jedes Jahr waghalsige Fahrer einen harten, prestigeträchtigen Wettkampf auf einer Strecke geliefert, die über meist unbefestigte Straßen sowie mitten durch kleine und große Ortschaften von Brescia bis nach Rom und wieder zurück führte. Sie war etwa tausendsechshundert Kilometer lang – umgerechnet ziemlich genau tausend Meilen.

Eine Jubiläumsveranstaltung zur Mille Miglia im Jahr 1977 sorgte für derart große Resonanz, dass bald darauf die heutige Version des Rennens ins Leben gerufen wurde: ein historisches Schaulaufen, an dem ausschließlich Fahrzeugtypen teilnehmen, die mindestens einmal beim Original am Start waren. Gefahren wird dabei nicht mehr auf Geschwindigkeit, das Endklassement wird stattdessen nach einem Punktesystem festgelegt, das Zuverlässigkeit und Gleichmäßigkeit belohnt, wobei ältere Modelle zur Wahrung der Chancengleichheit einen Bonus gegenüber jüngeren erhalten.

Obwohl sich die Streckenführung jedes Jahr ändert, sind die größten Highlights stets dieselben. Zu diesen zählen bereits die technische Abnahme der Fahrzeuge und der darauf folgende Start in Brescia, wo anlässlich der Mille Miglia ein sonst das ganze Jahr über nicht zu erlebender Trubel herrscht.

Auch der »Wendepunkt« Rom ist natürlich fester Bestandteil jedes Rennens – und wenn die Oldtimer nach Sonnenuntergang in einer Parade mit Polizeieskorte an der von Scheinwerfern beleuchteten Engelsburg vorbeifahren, ist das für Zuschauer wie Teilnehmer ein unvergesslicher Augenblick.

Ebenfalls regelmäßig auf dem Programm steht der Zwergstaat San Marino. Wegen seiner erhöhten Lage bedeutet er für die betagten Motoren, die während der anhaltenden Steigung heißzulaufen drohen, eine spezielle Herausforderung.

Die Toskana bildet eine weitere Konstante der Mille Miglia – schließlich bietet diese Region die landschaftlich eindrucksvollsten Streckenabschnitte. Zusätzliche Highlights sind die Fahrten durch die Altstädte von Siena und Florenz, wo sich Zuschauermassen an den Straßenrändern drängen, den vorbeifahrenden Oldtimern zujubeln und die Hände ausstrecken, um mit den Fahrern und Beifahrern historischer Cabriolets abzuklatschen. Auch durch kleinere toskanische Städte wie San Quirico d'Orcia führt das Rennen jedes Jahr. Die Durchfahrt der Boliden wird dort wie ein Volksfest mit Livemusik, *vino sfuso* – Wein vom Fass – und örtlichen Spezialitäten zelebriert.

»Die Begeisterung der Italiener ist für mich das Beste an der Mille Miglia«, erzählt Ulrich Boenisch, der das Rennen bereits zweimal als Co-Pilot an der Seite von Dieter Roschmann absolviert hat. »Das Interesse der Einheimischen ist riesig. Von kleinen Jungen und Mädchen bis zu hochbetagten Rentnern – alle kommen, alle sind im Oldtimerfieber. Da spürt man keinen Neid, sondern nur die reine Freude an den Autos und am Spektakel des Rennens. Je weiter man sich nach Süden bewegt, desto intensiver wird das. Es ist ein fantastisches Gefühl.«

An der Kreuzung im Val d'Orcia brennt die Sonne jetzt erbarmungslos vom Himmel. Die modernen Tribute Cars sind inzwischen allesamt vorbeigerauscht, doch von den Oldtimern ist noch immer nichts zu sehen. Unter den Zuschauern macht sich langsam Ungeduld breit. Ein Pärchen studiert die ausgedruckte Starterliste, zwei erfahrene ältere Herren haben sich Klappstühle und einen Picknickkorb mitgebracht, sie verzehren genüsslich mit Schinken und Tomatenscheiben belegte *panini* und trinken dazu Rotwein aus kleinen Plastikbechern.

Die beiden Polizisten unterhalten sich in gedämpftem Ton. Sie haben heute nicht besonders viel zu tun, ihre Hauptaufgabe besteht darin, Autofahrer anzuweisen, die die Rennstrecke queren möchten.

Der Fotograf mit dem riesigen Objektiv hat sich in den Schatten eines Baumes unweit des Straßenrands zurückgezogen, kratzt sich nachdenklich das bärtige Kinn und inspiziert mit gerunzelter Stirn seine bisher gemachten Schnappschüsse.

Plötzlich ist aus Richtung Süden ein deutliches Knattern zu vernehmen. Unverzüglich bricht an der Kreuzung Nervosität aus: Das Pärchen blickt von der Liste auf, die Senioren verlassen erstaunlich behände ihre Sitzplätze, der Fotograf eilt zurück an den Straßenrand. Tatsächlich kann man in einiger Entfernung schon die Umrisse eines Fahrzeugs erkennen. Im Grunde herrscht kein Anlass zur Eile, denn dieser Wagen nähert sich deutlich langsamer als die PS-Protze vor ihm. Er liegt auch bei Weitem nicht so tief auf dem Asphalt, sodass schon jetzt zu erkennen ist, wie viel schmaler seine Reifen sind.

Bald kann man mit bloßem Auge weitere Details ausmachen: Die grüne Lackierung, zwei kreisrunde Scheinwerfer über den elegant geschwungenen Kotflügeln, den rechteckigen Rahmen der Windschutzscheibe, das seitlich montierte Ersatzrad und die Startnummer, anhand derer die Zuschauer sogleich das Modell identifizieren: Es ist ein Fiat, Modell 501 S, Baujahr 1923.

Der siebenundzwanzig PS starke Vierzylindermotor knattert jetzt ohrenbetäubend. Pilot und Co-Pilotin des Oldtimers tragen dunkelbraune lederne Cabriolet-Hauben und dazu passende Schutzbrillen. Vor der Kreuzung hupt der Fahrer ein paarmal in kurzer Folge, seine Beifahrerin lächelt und winkt dem kleinen Grüppchen der Wartenden zu. Dann brausen die beiden auch schon nach Norden in Richtung San Quirico davon und hinterlassen nichts außer einer eindrucksvollen Abgaswolke.

Was in den achtziger Jahren als überschaubare Veranstaltung für Liebhaber begann, ist ein Event der Superlative geworden – und ein Multi-Millionen-Euro-Projekt, bei dem es nicht zuletzt um Sponsorengelder, Prestige und natürlich auch das Sehen und Gesehenwerden geht.

Nicht nur Autokonzerne werben mit der Mille Miglia, auch Luxusmarken aus anderen Bereichen lassen sich ihre Teilhabe an dem Spektakel viel Geld kosten. Die Hauptsponsoren statten regelmäßig Fahrzeuge mit prominenten Piloten aus. So waren in den vergangenen Jahren ehemalige Motorsportgrößen wie Walter Röhrl, David Coulthard, Mika Häkkinen oder Jochen Maas am Start.

2015 fuhr Stirling Moss dasselbe Mercedes-Modell, mit dem er 1955 beim ursprünglichen Mille-Miglia-Rennen die bis heute gültige Rekordzeit von zehn Stunden, sieben Minuten und achtundvierzig Sekunden aufstellte. Für die Sponsoren wie für die gesamte Mille Miglia bedeuten solche Auftritte mehr Aufmerksamkeit, einen höheren Glamour-Faktor und damit mehr Umsatz.

Die modernen Tribute Cars der Marken Ferrari und Mercedes, die dem Feld vorausfahren, gehören natürlich auch zu diesem immer größer werdenden Marketing-Zirkus. Ebenso die vielen Promis ohne Motorsportvergangenheit, die sich jedes Jahr auf Einladung von Konzernen bei der Mille Miglia sehen lassen. Das gilt jedoch nicht für alle bekannten Gesichter, denen man dort begegnet. Die aus Siena stammende Rocksängerin Gianna Nannini war bereits dabei, ebenso die deutsche Fürstin Gloria von Thurn und Taxis oder »Mr. Bean« Rowan Atkinson, der eine große Leidenschaft für Oldtimer hegt und selbst eine Sammlung alter englischer Automobile sein Eigen nennt.

Wer nicht eingeladen wird, muss auf dem Weg zur Teilnahme einige Hürden überwinden. Abgesehen davon, dass man einen passenden Oldtimer zur Verfügung haben muss, gilt es, eine Gebühr von etwa achteinhalbtausend Euro zu entrichten. Die Erfüllung dieser Voraussetzungen garantiert aber noch lange nichts – schließlich meldet sich jedes Jahr eine Menge an Interessenten an, die die Zahl der zu vergebenden Startplätze um ein Vielfaches übersteigt. Darunter sind längst nicht mehr nur zahlungskräftige Oldtimer-Freunde aus Europa und Nordamerika, sondern auch immer mehr Russen und Asiaten. Wer am Ende tatsächlich in Brescia an den Start gehen darf, entscheidet der Veranstalter. Der legt natürlich besonderes Augenmerk darauf, dass im Teilnehmerfeld möglichst viele verschiedene Fahrzeugmodelle zu bestaunen sind.

Wer es einmal in den illustren Kreis der Startberechtigten geschafft hat, bekommt für seinen Einsatz einiges geboten: Die Unterbringung der Teilnehmer zwischen den Etappen lässt keine Wünsche offen, ebenso die Verpflegung bei den abendlichen Galadinners. Zu guter Letzt erhält jede Fahrerin und jeder Fahrer eine Luxusuhr als Geschenk, in die der Name des entsprechenden Fahrzeugmodells eingraviert ist – und deren Verkaufswert bei mehr als viertausend Euro liegt.

La corsa più bella del mondo – Das schönste Rennen der Welt, wie es Enzo Ferrari einst genannt hat – scheint also heutzutage mehr mit Jetset und Fünf-Sterne-Tourismus und weniger mit Benzin- und Schweißgeruch und sportlichem Wettbewerb zu tun zu haben. Doch dieser Schein trügt.

Viele Teilnehmer haben durchaus den Ehrgeiz, im Endklassement weit vorne zu landen – und um das zu erreichen, gilt es, stets konzentriert zu bleiben. Neben einer Panne oder einem Unfall kann es auch eine Unaufmerksamkeit an einer Abzweigung sein, die eine gute Platzierung verhindert. Nicht selten werden die schon von Weitem gut erkennbaren roten Pfeile, die den Fahrern als Wegweiser dienen, von Zuschauern abmontiert und als Souvenirs mitgenommen.

»Deshalb ist es die Aufgabe der Co-Piloten, immer den Streckenplan im Auge zu behalten«, erklärt Ulrich Boenisch. »Spätestens am Vorabend sollte sich der Beifahrer anhand des Roadbooks den Verlauf der nächsten Etappe genau einprägen.«

Die Oldtimer wollen außerdem zwischen den Tagesetappen gepflegt und gewartet werden – was bedeutet, dass manche Teilnehmer in den Nächten nicht mehr als drei bis vier Stunden Schlaf bekommen. Und das eigentliche Rennen ist alles andere als ein entspanntes Schaulaufen. Die Automobile aus längst vergangenen Zeiten lassen heute selbstverständliche Komfortfunktionen wie Servolenkung, Bremskraftverstärker und Antiblockiersystem vermissen, Gleiches gilt für aktuelle Standards bezüglich der Stoß- und Schalldämpfung.

Hinter dem Steuer sind daher Muskelkraft und Gefühl gleichermaßen gefragt. Und das Stunde um Stunde, von früh bis spät, während jede Unebenheit im Straßenbelag Fahrer und Beifahrer durchschüttelt, der alte Motor dröhnt, das ganze Fahrzeug vibriert und einem – falls man im Cabriolet unterwegs ist – unablässig die Abgase der Vorderleute um die Nase wehen. Nicht zu vergessen, dass es auch im sonnigen Italien keine Schönwettergarantie gibt.

Zieht man all das in Betracht, wird klar, dass dieses Rennen auch für die weniger Ehrgeizigen, denen es in erster Linie um den Fahrspaß geht, kein gemütlicher Ausflug ist. Ja, man könnte beinahe auf den Gedanken kommen, die Mille Miglia sei eine einzige große Strapaze – allerdings genau die Art Strapaze, nach der sich unzählige Liebhaber klassischer Automobile sehnen.

Diesen Puristen, die die wahre Liebe zum Automobil antreibt, sind der Sponsoren- und Medienrummel und das große Geschäft, das heutzutage rund um die Mille Miglia veranstaltet wird, längst zu viel. Einige von ihnen bevorzugen inzwischen kleinere, nach ähnlichem Prinzip ablaufende Oldtimer-Rennen, die anderswo in Europa stattfinden und wo man noch mehr unter sich ist. Doch ohne Weiteres lässt sich das Mille-Miglia-Erlebnis nicht an einen anderen Ort verlegen – schließlich kann es *la corsa più bella del mondo* nur einmal geben.

Als Schlusslicht rauscht ein silbergrau glänzender Porsche 365 A aus dem Jahr 1957 an der Zuschauergruppe vorbei, die sich nahe der Kreuzung mitten im Orcia-Tal versammelt hat. Mehr als drei Stunden sind vergangen, seit der grüne Fiat den Reigen der historischen Automobile eröffnete.

Das Pärchen mit der ausgedruckten Starterliste ist bereits vor zwanzig Minuten gegangen, die beiden Senioren haben die längst geleerte Weinflasche zurück in den Picknickkorb gelegt und klappen ihre Stühle zusammen. Die Beamten der Polizia Stradale wischen sich mit Taschentüchern den Schweiß von der Stirn und winken einer im Streifenwagen vorbeifahrenden Kollegin zu.

Der Fotograf schraubt das Objektiv von seiner Kamera, auf deren Speicherkarte sich nun Tausende von neuen Bildern befinden. Sie zeigen die Evolution, die in dreißig Jahren Automobilgeschichte stattgefunden hat: von den kantigen, hohen und schmalen Wagen der zwanziger Jahre über ihre schnittigeren, zigarren- oder torpedoförmigen Nachfolger aus der folgenden Dekade bis hin zu den breiten, tiefer liegenden und formschönen Karossen der fünfziger Jahre.

So unterschiedlich diese Automobilklassiker bezüglich ihrer technischen Daten wie ihres Äußeren sind – sie alle eint die Faszination, die sie erzeugen. Die Oldtimer, die am Rennen teilnehmen, sind teuer, unbequem, schwer zu fahren und verbrauchen Unmengen an Treibstoff. So betrachtet, halten sie keiner Kosten-Nutzen-Analyse stand. Aber sie stehen eben auch für Ästhetik, Qualität, Liebe zum Detail und Wertschätzung für die Errungenschaften der Vergangenheit. Schlagworte, die erstaunlich gut zur toskanischen Mentalität passen. Vielleicht liegt darin der Grund für die Begeisterung, die die Mille Miglia jedes Jahr in der ganzen Region entfacht.

Viel mehr als nur Steine

Das neue Leben der Villa Palagione

Die melancholisch, fast schon düster wirkenden Schwarz-Weiß-Bilder zeigen Momente im Dämmerlicht: ein verwilderter Garten, ein Cabriolet vor einer etwas heruntergekommenen Fassade, die dunklen Augen einer hübschen jungen Frau. Es sind Aufnahmen von den Dreharbeiten für das Drama »Vaghe Stelle dell'Orsa« von Luchino Visconti aus dem Jahr 1964.

Der unter dem Titel »Sandra« in den deutschen Kinos gelaufene Film handelt von einer Familie, die den Schatten ihrer Vergangenheit nicht entkommt. In den Hauptrollen waren Claudia Cardinale und Jean Sorel zu sehen, außerdem die eindrucksvollen mittelalterlichen Mauern der toskanischen Stadt Volterra. In einer Nebenrolle glänzte neben Marie Bell – einem französischen Kinostar der dreißiger Jahre – auch ein wenige Kilometer außerhalb von Volterra im Grünen gelegenes, einst sehr prächtiges und später dem Verfall preisgegebenes Landgut mit dem Namen Villa Palagione.

Für einige Augenblicke warf Viscontis Film das Scheinwerferlicht auf einen Ort, der in den sechziger Jahren seine besten Zeiten längst hinter sich zu haben schien. Das zur Blütezeit der Medici-Herrschaft entstandene Anwesen wurde von seinen

Erbauern mit allen Merkmalen einer echten Renaissancevilla ausgestattet: einer symmetrischen Fassade mit drei Stockwerken und einem exakt mittig gelegenen großen Portal etwa, oder dem *tetto alla fiorentina* – einem an der Unterseite kunstvoll verzierten Vordach.

Das Umland der Villa Palagione war seit jeher wegen seiner Eisen- und Kupfervorkommen begehrt – Bodenschätze, deretwegen im Lauf der Zeit immer wieder schwer bewaffnete Heere anrückten. Auf dem in direkter Nachbarschaft der Villa aufragenden Monte Voltraio sind noch die Ruinen einer ehemaligen Burganlage zu sehen. Die ebenfalls auf einem Bergrücken thronende Stadt Volterra verfügt über eine imposante, von Lorenzo de' Medici in Auftrag gegebene Festung und ist zudem von einer massiven Mauer umgeben. Die Nachbarorte Colle di Val d'Elsa und San Gimignano bilden mit ihren schroffen, wehrhaften Bauten aus vergangenen Jahrhunderten einen starken Kontrast zur lieblichen und harmonischen Landschaft, in die sie eingebettet sind.

Heute sind es jedoch nicht mehr Eroberer, sondern Touristen, die in Scharen in diese Gegend kommen. Sie suchen mittelalterliches Flair, möchten außerdem die Aromen der toskanischen Küche genießen und sich an der einzigartigen Natur der Region erfreuen. Nordwestlich von Volterra bestaunen die Reisenden aus aller Welt die sogenannten *balze:* spektakuläre, durch Erosion entstandene Klippen in einem ansonsten von sanften Hügeln geprägten Land.

Dass inmitten von all dem auch die längst vergessene Villa Palagione noch einmal zu einer echten Attraktion werden könnte – und dass die Besucher dort nicht nur Überreste ehemaliger Pracht bestaunen, sondern sogar eine komfortable Unterkunft finden würden –, das hätte vor dreißig Jahren wohl kaum jemand für möglich gehalten.

Im Januar 1986 lag auf einem Küchentisch in einer Wohnung in Frankfurt am Main ein Stapel Fotos. Auf den Bildern waren Ansichten eines toskanischen Landhauses zu sehen. Unter den Leuten, die sich rund um den Tisch versammelt hatten, war auch Antonella, die in Rom aufgewachsene Tochter einer aus Kalabrien stammenden Familie. Zu diesem Zeitpunkt hatte sie bereits einige Zeit in Deutschland als Italienischlehrerin gearbeitet.

Aber ihr Traum war es, in Italien eine eigene Sprachschule zu eröffnen. Ihr Mann Gerhard ermutigte sie von Anfang an dazu und unterstützte sie. Doch es fehlte ihnen der passende Ort. Sie suchten zuerst nahe am Meer, in Ligurien, fanden dort jedoch nichts. Dann kamen sie auf einer Geburtstagsparty in Frankfurt mit einer Frau ins Gespräch und erzählten ihr von ihren Plänen. Die Frau sagte, sie sei Teil einer Eigentümergemeinschaft, die sich ein Haus in der Toskana gekauft habe. Das war damals, in der Zeit der sogenannten »Toskana-Fraktion«, nicht ungewöhnlich.

»So kam es, dass wir uns einige Tage später Fotos von diesem Landhaus ansahen. Das Gebäude war relativ klein, und mir wurde schnell klar, dass es nicht der richtige Ort für die Verwirklichung meiner Vision wäre. Aber Gerhard fiel unter all diesen Bildern ein einzelnes Foto auf, das einen Teil eines anderen, viel größeren Gebäudes zeigte. Ich erkannte schon an dem kleinen Ausschnitt, dass es sich um eine alte Villa aus der Blütezeit der Medici handeln musste.«

Also fragte sie nach, und es hieß: »Ja, das ist das Anwesen nebenan. Wunderschön, mit sehr vielen Zimmern – aber leider eine Ruine.«

»Kann man die Villa kaufen?«, erkundigte sie sich.

»Ja«, lautete die Antwort. »Aber natürlich ist niemand dumm genug, das zu tun.«

Ein grobkörniges Farbfoto: Antonella als junge Frau, schräg von hinten aufgenommen. Ihre brünette, ungezähmte Lockenpracht reicht weit über ihre Schultern hinab, sie trägt eine weiße Bluse und einen blauen, knielangen Rock. Vor ihr spannen sich Bögen eines Tonnengewölbes auf, überall bröckelt der Putz, Farbreste sind an den Wänden verteilt, der Fußboden wurde herausgerissen, Werkzeug und Geröll liegen herum.

Antonella hat die Arme vor der Brust verschränkt, sie scheint nachzudenken. Was hat sie gesehen, als sie an jenem sonnigen Tag in den achtziger Jahren in der Villa Palagione stand? Das Desaster, das sich in diesem Moment vor ihr ausbreitete? Die Mühen, die noch auf sie zukommen würden? Oder verfügte sie über genügend Fantasie, um vor ihrem inneren Auge das Gebäude in seiner ursprünglichen Pracht erscheinen zu lassen?

»Als wir die Villa Palagione zum ersten Mal besichtigten, bot sie einen katastrophalen Anblick. Auf dem ganzen Grundstück liefen Schafe herum, die Gartenanlage war von Gestrüpp überwuchert. Die Fassade des Hauptgebäudes bröckelte ab, innen rann an einer der Säulen Wasser herunter, weil das Dach eingestürzt war. Viele der großartigen Fresken waren ganz oder zum Teil zerstört. Es war ein Jammer.«

Wer seine gesamten Ersparnisse in die Hand nimmt, um ein derart heruntergekommenes Anwesen zu kaufen und es anschließend innerhalb eines Jahrzehnts mühsam zu restaurieren, der muss von seinem Projekt überzeugt sein – und sowohl Idealismus als auch Durchhaltevermögen haben.

Solch eine Entscheidung verändert alles komplett. Mit einem Mal wurde Antonella klar: Sie würde in Zukunft keine Zeit und keine Mittel für etwas anderes haben. Dieses Haus würde ihr Leben sein. So kam es dann auch.

Die Antonella, die mir heute – mehr als dreißig Jahre später – in der Eingangshalle der Villa gegenübersitzt, verfügt zweifellos über eine Menge Energie. Sie erinnert mich an meine Bekannten aus dem Mezzogiorno, wo es oft starke, tatkräftige Frauen sind, die ihre Familien unter schwierigen Umständen über Wasser halten.

Man spürt Antonellas Präsenz sofort, wenn sie den Raum betritt. Wenn sie zu erzählen beginnt, reißt sie ihre Zuhörer mit und steckt sie mit ihrem

Enthusiasmus an. So muss es auch damals gewesen sein, als sie mit ihrem Mann und einigen Freunden den Sprung ins kalte Wasser wagte.

Kaum hatten sie mit dem Projekt begonnen, standen sie völlig überfordert vor einem riesigen Berg von Problemen. Vor allem die Bürokratie hatten sie total unterschätzt. Und dann brach kurz nach dem Kauf auch noch ein weiterer Teil des Daches zusammen. Ihre ohnehin schon sehr knapp bemessene Kalkulation wurde dadurch komplett hinfällig. Doch aufgeben kam für Antonella jetzt nicht mehr infrage.

Ihr Plan war inzwischen viel größer geworden. Es ging längst nicht mehr nur um eine Sprachschule, gemeinsam mit ihrem Mann und ihren Freunden wollte sie ein interkulturelles Zentrum schaffen, eine Begegnungsstätte, in der Menschen unterschiedlichste Erfahrungen machen können. Sie wollten neben den Sprachkursen auch Ausflüge mit kompetenter Führung in die Städte der Umgebung anbieten. Außerdem sollte es Kunst-Workshops geben, und dann hatten sie auch noch Pferde. Sie suchten erfolgreich nach weiteren Mitstreitern, die sich an dem Projekt beteiligen würden – und die brachten natürlich auch wieder ihre Ideen und Talente mit. Die Vision war: Die Gäste würden eine oder mehrere Wochen in dieser traumhaften Umgebung verbringen, sich dabei vom Alltag erholen und gleichzeitig etwas lernen.

»In Volterra hat man uns für unsere Pläne belächelt. Man darf nicht vergessen: Das waren die achtziger Jahre, damals blieben die Touristen nicht länger als ein paar Stunden oder einen Tag in unserer Gegend, bevor sie zu den bekannten Sehenswürdigkeiten nach Florenz oder Siena weiterzogen. Niemand glaubte, dass wir es schaffen würden, die Leute für mehr als ein paar Tage herzuholen. ›Was sollen die hier die ganze Zeit tun?‹, war die Frage, die uns andauernd gestellt wurde.«

Als ich Antonella über die Treppe in die oberen Stockwerke folge, sehe ich immer wieder großformatige Fotografien an den Wänden. Sie zeigen den Zustand der jeweiligen Stelle am Beginn der Restaurierungsarbeiten: ein heute dekorativer, stabiler und sauber verputzter Rundbogen etwa, der damals augenscheinlich einzustürzen drohte. Auf einem weiteren Bild leuchtet der blaue Himmel der Toskana durch ein klaffendes, von zerbrochenen Balken eingerahmtes Loch im Dach. Auf einem anderen arbeitet eine Restauratorin mit filigranem Werkzeug an einer Wandmalerei.

»Immer wenn wir Geld hatten, haben wir es gleich wieder investiert – einen neuen Gebäudeteil renoviert, bessere Möbel angeschafft, eines der Fresken restaurieren lassen«, erklärt mir Antonella, während wir einen riesigen, mit wunderschönen Deckenmalereien versehenen Raum durchqueren, in dem neben einigen dekorativen Möbelstücken auch ein Konzertflügel steht.

Antonella erzählt, dass die Wiederherstellung der Villa Palagione ein Konjunkturprogramm für Volterra gewesen sei. Nachdem sich herumgesprochen hatte, was sie hier taten, seien ständig Leute vor ihrer Tür gestanden und hätten gefragt, ob es vielleicht einen Auftrag für sie gebe. »Und es gab natürlich immer Arbeit. Ich habe die toskanischen Handwerker schnell schätzen gelernt. Sie haben viel Erfahrung mit historischen Gebäuden, Materialien und Konstruktionen. Und sie verstehen, dass solch ein jahrhundertealtes Bauwerk viel mehr ist als nur eine Menge aufeinandergeschichteter Steine ... So, da wären wir: ›Romeo e Giulietta!‹«

Das nach Shakespeares wohl berühmtester Tragödie benannte Zimmer wollte Antonella mir unbedingt zeigen. Nicht nur, weil es einer der schönsten Räume in der gesamten Villa ist, sondern auch, weil man hier bei genauem Hinsehen die rekonstruierten Teile der Fresken von den ursprünglichen gut unterscheiden kann. Im Zentrum der mit Ornamenten verzierten Decke ist ein Wappen zu erkennen, das die Insignien Geronimo Minuccis enthält.

»Das war der Erbauer der Villa Palagione«, erklärt Antonella. »Er war Vorkoster von Francesco und Ferdinando de' Medici, den Söhnen Cosimos I., die beide später Großherzöge wurden.«

Antonella zeigt mir noch weitere Zimmer, jedes mit eigenem Namen und völlig eigenem Charakter. Im »Azzurro« genannten Raum sind die Wände in einem sanften Blau gehalten, die kachelförmigen Verzierungen an der Decke geben den gleichen Farbton deutlich kräftiger wieder. Verspielter geht es in »Farfalle« zu, wo unzählige detailgetreu gemalte Schmetterlinge in exakten senkrechten Reihen die Wände bevölkern und dabei je nach Blickwinkel in den verschiedensten Farben schillern.

Der Rundgang gleicht einer Reise von einer fantasievollen Welt in die nächste. Bei aller Unterschiedlichkeit sind es doch stets wiederkehrende Prinzipien, die durch die Renovierung wiederbelebt wurden und alle Räumlichkeiten prägen: Harmonie, Stil, Eleganz, Schönheit.

»*Un attimo, ti faccio vedere qualcosa.* Einen Augenblick, ich möchte dir etwas zeigen.«

Antonella reicht mir das Tablet, der gerade noch vor ihr auf dem Tisch lag. Eine Bildergalerie ist aufgerufen. Auf dem ersten Foto erkenne ich den Speisesaal voller lachender Menschen, es wird mit Sektgläsern angestoßen.

»Seit einiger Zeit veranstalten wir zum Jahreswechsel regelmäßig eine Silvesterfeier.«

Das nächste Bild zeigt den großen Raum im ersten Stock, voll besetzte Stuhlreihen, ein Pianist am Konzertflügel. Ich blättere weiter, sehe eine Lehrerin beim Unterrichten von Sprachschülern, dann Männer und Frauen, die konzentriert Alabaster bearbeiten, Bilder malen, kochen oder einem Vortrag lauschen. Ich betrachte die fröhlichen Gesichter einer Gruppe Wanderer, die zu einer Exkursion auf den Monte Voltraio aufbricht.

»Christa, die dritte Teilhaberin neben Gerhard und mir, ist als zertifizierte Wanderführerin für unser Trekking-Angebot zuständig. Sie ist bereits sehr früh zu uns gestoßen. Ihr handwerkliches Geschick war bei den Renovierungsarbeiten ungeheuer hilfreich, und sie packt bis heute tatkräftig mit an.«

Auf den nächsten Fotos sind Menschen zu sehen,

die auf blauen Matten unter dem Kreuzgewölbe des Nebengebäudes Le Arcate Yoga-Übungen absolvieren, und Gäste, die sich zum Abendessen im Freien um einen Tisch versammelt haben, während im Hintergrund der hellblaue Swimmingpool zwischen den Grüntönen des Gartens hervorleuchtet.

Im Augenblick ist es noch sehr ruhig, die Saison beginnt gerade erst. Bis gestern war eine Gruppe aus Australien hier und morgen reisen Gäste aus Frankreich an. Die Menschen, die hierher kommen, sind laut Antonella das Salz in der Suppe. Sie erwecken die Villa zum Leben und geben all dem, was hier geschieht, erst einen Sinn.

»Man kann bei uns natürlich auch einfach nur ein Zimmer buchen und Urlaub machen. Doch wir möchten unseren Gästen darüber hinaus Angebote unterbreiten, die in die Umgebung passen und die in Verbindung mit der Geschichte und der Landschaft der Toskana stehen. Gleichzeitig müssen wir natürlich beobachten, wofür sich die Menschen besonders interessieren und was sich lohnt.«

Nicht alles, was sie ausprobiert haben, hat funktioniert. So mussten sie beispielsweise die Pferde eines Tages schweren Herzens abgeben. Antonella hing sehr an ihnen, sie konnte es kaum ertragen. Aber es ist wichtig, die Zahlen im Blick zu haben, denn die Kosten, die diese Villa verursacht, sind sehr hoch. Das liegt nicht nur an den andauernden Renovierungs- und Reparaturarbeiten. Auch die Grundsteuer verschlingt jedes Jahr eine enorme Summe, die erst einmal erwirtschaftet werden muss.

Nach und nach wird mir klar, dass das, was mich an der Villa Palagione von Beginn an beeindruckt hat – die behutsam restaurierten Räume, die Ausblicke in eine einzigartige, geschichtsträchtige Landschaft, die stilvollen Möbelstücke, kurz: die Atmosphäre, die Sehnsüchte nach einer besseren Welt zu erfüllen scheint –, nur die eine Seite der Medaille darstellt.

Die andere Seite? Nun, aus diesem Landgut ist ein Betrieb geworden, in dem neben den drei Teilhabern noch eine Reihe anderer Leute arbeitet, sei es als Lehrer oder Koch, als Reinigungs- oder Bürokraft. Neben dem Hotelservice und dem Kursangebot ist das Centro Interculturale Villa Palagione Teil internationaler Initiativen wie des Vereins Europäischer Bildungs- und Begegnungszentren EBZ oder des Erasmus+-Programms, in dessen Rahmen regelmäßig Handwerker aus dem Raum Stuttgart nach Volterra kommen. Außerdem finden im repräsentativen Ambiente der Villa alle zwei Jahre Kunst- oder Architekturausstellungen statt. Antonella ist eine umtriebige Organisatorin und Managerin, die nebenbei noch selbst Kurse zum Thema »Villen und Gärten der Renaissance« leitet.

»Aber vergiss nicht, dass ich dabei keineswegs alleine bin«, mahnt sie. »Wir sind ein Team, in dem jeder seine Stärken einbringt. Damit meine ich nicht nur Christa, Gerhard und mich, sondern auch unsere Angestellten, von denen einige schon sehr lange bei uns sind. Hier ist wirklich jeder mit Herzblut bei der Sache. So engagierte Mitarbeiter zu haben, das ist ein unschätzbar wertvolles Gut. Es ist ein bisschen wie auf einem Schiff: Wenn man eine gute und erfahrene Besatzung hat, dann übersteht man auch mal den einen oder anderen Sturm.«

Antonellas fröhliches Lachen hallt vom Deckengewölbe der Eingangshalle wider. Ihre Stimme füllt für einige Augenblicke den gesamten Raum, von den verglasten Türen, die zum Speisesaal führen, über die Bar aus dunklem Holz bis zurück zu der Sitzgruppe, auf der wir uns niedergelassen haben, und dem darüber an der Wand hängenden Poster, das einige Schwarz-Weiß-Aufnahmen der jungen Claudia Cardinale zeigt – bei Dämmerlicht, im düsteren, verwilderten Garten einer halb verfallenen Villa.

Kommunisten, Sozialisten, Populisten

Das Ende der »Toscana rossa«?

Der Grundriss der Altstadt von Cascina gleicht einem Quadrat mit einer Seitenlänge von kaum mehr als zweihundert Metern. Der ehemalige Verlauf der mittelalterlichen Stadtmauer ist noch heute zu erahnen, obwohl sie im 19. Jahrhundert zum größten Teil abgerissen wurde, um Platz für das Wachstum des Pisaner Vororts und für den allgemein zunehmenden Verkehr zu schaffen.

Der *corso*, der das südliche Drittel des *centro storico* von Cascina in einer schnurgeraden Linie vom nördlichen Teil trennt, ist nach Giacomo Matteotti benannt, einem sozialistischen Abgeordneten, der im Jahr 1924 Wahlfälschungen Mussolinis öffentlich anprangerte und bald darauf von dessen Schergen ermordet wurde. An dieser breiten, verkehrsberuhigten Straße befindet sich das einzige Bauwerk der Stadt, das so etwas wie ein Wahrzeichen darstellt: der Torre dell'Orologio, ein in seinem Ursprung mittelalterlicher, aus dunkelroten Ziegelsteinen bestehender gedrungener Uhrturm mit einer Glocke auf dem Dach und einem riesigen Ziffernblatt an der östlichen Fassade.

Doch es ist ein auf der gegenüberliegenden Seite des *corso* gelegenes, eher unscheinbares Gebäude mit einem vorgelagerten Laubengang, das zum Symbol einer Zeitenwende in der Toskana werden könnte: das Rathaus von Cascina, in dem jahrzehntelang Parteien aus dem linken Spektrum das Sagen hatten. 2016 zog Susanna Ceccardi hier als Bürgermeisterin ein. Sie ist Jahrgang 1987 und Mitglied der stramm rechts ausgerichteten fremdenfeindlichen Lega.

Rückblickend scheint ihre Wahl den Beginn einer grundlegenden Wandlung der politischen Landschaft der Toskana zu markieren: Bei den Regionalwahlen, die zwei Jahre später stattfanden, verlor das Linksbündnis Centrosinistra die Hochburgen Massa, Pisa und Siena. Hatte es 2013 in allen elf toskanischen Provinzhauptstädten die Mehrheit, blieben ihm jetzt nur noch drei: Lucca, Florenz und Prato. Die Zeitungen schrieben von einem Erdrutsch, sie proklamierten das Ende einer Epoche – das Ende der »Toscana rossa«.

Seit dem Zweiten Weltkrieg bildete die »Rote Toskana« gemeinsam mit der Region Emilia-Romagna ein unangefochtenes Hoheitsgebiet der italienischen Linken. Die Kommunistische Partei Italiens (PCI) hatte sich 1921 in der toskanischen Hafenstadt Livorno gegründet, und nach der Ausrufung der Republik 1946 entwickelte sie sich zu einer echten Volkspartei, die gemeinsam mit den Sozialisten des PSI in Konkurrenz zur katholisch-konservativen Democrazia Cristiana (DC) stand.

Im toskanischen Regionalparlament war der PCI ab 1946 für lange Zeit stets die stärkste Partei, außerdem regierte er in den meisten Kommunen, was sich wiederum auf die Organisation der regionalen Wirtschaft auswirkte: Kleine Betriebe schlossen sich zu Kooperativen zusammen, in der Agrarwirtschaft konnten durch ein ähnliches System die Folgen der zunehmenden Landflucht gemildert werden. Das eigenständige Profil der Toscana rossa festigte sich zunehmend.

Das änderte sich auch nicht, als sich der PCI nach dem Ende des Kalten Krieges auflöste. Fortan waren es seine Nachfolgeparteien – ab 2007 vor allem der sozialdemokratische Partito Democratico (PD) –, die in der Toskana das Sagen hatten.

Wo liegt der Ursprung für diese politische Andersartigkeit? Ist sie historisch begründet? Immerhin wurde das System der Leibeigenschaft in der Toskana früher als in anderen Landstrichen Italiens durch die *mezzadria* – die Halbpacht – abgelöst, die den Bauern gewissermaßen zum Geschäftspartner des Landbesitzers erhob. Außerdem entstanden in Florenz und Siena, aber auch in Pisa, Lucca und anderen toskanischen Städten im Mittelalter und in der frühen Neuzeit Republiken, die jeweils frühe Formen der Bürgerbeteiligung praktizierten. Aber gilt das nicht genauso für die ligurische Hauptstadt Genua oder für die einstige »Serenissima Repubblica« Venedig?

Ist es also doch eine spezielle toskanische Mentalität, die sich in der Vorliebe für Parteien manifestiert, die das Gemeinwohl über die Interessen des Einzelnen stellen?

Der Schriftsteller Kurt Erich Suckert, der unter dem Pseudonym Curzio Malaparte bekannt wurde, behauptete in seinem 1956 erschienenen Buch »Maledetti toscani«, dass es ein Glück wäre, würden in Italien mehr Toskaner und weniger Italiener leben. Tatsächlich ist in den meisten anderen Regionen des Landes der alltägliche *furbismo* – also der Versuch, sich durch Gerissenheit einen persönlichen Vorteil am Rande oder jenseits der Legalität zu verschaffen – kaum verpönt. Im Gegenteil: Ein *furbo* ist für viele Italiener jemand, der das Leben zu meistern versteht. Und hat er sich doch einmal vergaloppiert, genügt – so zumindest das Klischee – ein zerknirschter Auftritt im Beichtstuhl, um von höchster Stelle Vergebung zu erhalten, ohne sich jemals wirklich ändern zu müssen.

Vom meist augenzwinkernd verharmlosten *furbismo* geht eine große Gefahr aus: Er bildet den Nährboden für Korruption, seine weite Verbreitung untergräbt das Vertrauen in öffentliche Institutionen. Er ersetzt die individuelle Verantwortung gegenüber der Allgemeinheit durch das »Jeder ist sich selbst der Nächste«-Denken, das den italienischen Staat seit Generationen aushöhlt und nicht zuletzt einem korrupten Zyniker wie Silvio Berlusconi an die Macht verhalf.

Curzio Malaparte ist nicht der Einzige, der erkannt hat, dass die in der Toskana vorherrschende Mentalität dem *furbismo* entgegensteht. Schlitzohrigkeit, Theatralik und Übertreibung gehören hier kaum zum Alltag. Man hält sich an die Fakten und die leisen Töne, bleibt distanziert, dafür aber auch verbindlich. Scheinbar völlig »unitalienisch« herrscht in der Toskana in der Regel die Vernunft über das Gefühl und die Verantwortung über den Egoismus.

Dazu passte jahrzehntelang die in der Basis verwurzelte Politik des PCI ebenso wie später der pragmatische, auf das Gemeinwohl bedachte Sozialismus seiner Nachfolger. Warum ist das nun alles vorbei? Ist die Krise der Toscana rossa ein Zeichen für einen Mentalitätswandel?

Ein Grund für die krachenden Wahlniederlagen hat mit einer italienweiten Krise der Linken zu tun, deren Ursprung jedoch in der Hauptstadt der Toskana liegt.

Ab 2009 schickte sich in Florenz ein junger Mann namens Matteo Renzi an, die italienische Sozialdemokratie zu modernisieren. Eine Weile lang sah es so aus, als könnte er damit Erfolg haben. Nach fünf Jahren als Bürgermeister wurde er Vorsitzender des PD und Ministerpräsident Italiens. Sein Reformeifer war nicht zu zügeln, doch nach nur zwei Jahren an der Regierung scheiterte er. Renzi musste zurücktreten – und hinterließ neben ungelösten wirtschaftlichen Problemen einen politischen Scherbenhaufen und landesweit unzählige enttäuschte Wähler, die sich fortan von der Linken abwandten. Bei den Parlamentswahlen 2018 verlor der PD massiv, ein Jahr später trat er zwar wieder in die Regierung ein, aber nur noch als Juniorpartner des dominierenden »Movimento 5 Stelle«.

Zu dieser Gemengelage gesellten sich in der Toskana regionale Turbulenzen. Die über lange Zeit unangefochtene Stellung der Linken hatte offenbar dazu geführt, dass deren vernünftige und pragmatische Art der kommunalen Verwaltung zunehmend durch zwielichtige Seilschaften ersetzt wurde, die hauptsächlich dem eigenen Machterhalt dienten. Seit einigen Jahren ist in der Toskana von einem »roten Adel«, der *nobiltà rossa*, die Rede, die jeden Sinn für verantwortungsvolles Regieren verloren habe. Als die traditionsreiche Bank Monte dei Paschi in Siena in gefährliche Schieflage geriet, wurde schnell bekannt, wie sehr die örtliche Politik in deren riskante Geschäfte verstrickt war. Der dadurch erzeugte Vertrauensverlust trug zweifellos dazu bei, dass der PD-Bürgermeister Bruno Valentini bei der folgenden Wahl sein Amt an einen Kandidaten der gemäßigten Rechten verlor.

Und in Cascina? Nach der Wahl von Susanna Ceccardi traten Anhänger der Linken dem Gerede von einem »Erdrutschsieg« der Rechten entgegen. Sie wiesen darauf hin, dass die Menschen in Cascina nicht etwa scharenweise aus Überzeugung das politische Lager gewechselt hätten. Schließlich sei der Erfolg der Lega nur aufgrund der niedrigen Wahlbeteiligung möglich gewesen. Und es habe trotzdem noch der massiven Unterstützung von Parteichef Salvini bedurft, der im Wahlkampf mehrmals persönlich anreiste, weil er die Trophäe Cascina im Herzen der Toscana rossa unbedingt erobern wollte.

Der PD, so die eigenen Anhänger, sei selbst schuld an der Misere. In den vergangenen Jahren hätten die Regierenden den Kontakt zu den kleinen Leuten verloren. Parteien und Gewerkschaften hätten versagt, als es darum gegangen sei, die Arbeiter in den traditionellen Möbelwerkstätten Cascinas vor den Folgen der Wirtschaftskrise zu schützen. Niemand habe sich um das Problem fehlender Sozialwohnungen in der Stadt gekümmert – bis die Lega es dankbar aufgenommen habe, um Stimmungsmache gegen Flüchtlinge zu betreiben.

Seit sie Bürgermeisterin von Cascina wurde, spielte Susanna Ceccardi gekonnt auf der Klaviatur des Rechtspopulismus. Sie inszenierte sich als jemand, der sich um die kleinen Leute kümmert, gleichzeitig verstand sie es, an die niederen Instinkte der Menschen zu appellieren und Ängste zu schüren. Am Weltfrauentag, der Festa della donna, werden in allen Gemeinden Italiens Blumen an die Damen verteilt – in Cascina gab es während ihrer Amtszeit Pfefferspray zur Selbstverteidigung dazu.

In ihrer Partei kam Ceccardi mit solchen Ideen hervorragend an. Sie gilt als Vorzeigeschülerin Salvinis, hat es inzwischen als Abgeordnete ins Europaparlament geschafft und wurde in Cascina von ihrem Parteifreund Dario Rollo abgelöst. Bei vielen *toscani* hingegen erzeugten Ceccardis Aktionen ein eher verhaltenes Echo. Es scheint also noch immer eine gewisse Skepsis gegenüber denen vorzuherrschen, die allzu marktschreierisch auftreten. Eine Skepsis, die schon Curzio Malaparte zu schätzen wusste.

»Viel Unglück wäre vermieden worden«, schrieb er, »hätte Mussolini seine Reden nicht auf dem Balkon des Palazzo Venezia in Rom, sondern auf der Terrasse des Palazzo Vecchio in Florenz gehalten.«

Dentro le mura

Luccas historisches Zentrum ist eine Welt für sich

»Ich muss gestehen: Ich habe ein bisschen Angst.«

»Wirklich?« Signora Santini, eine freundliche, elegante Dame von etwa siebzig Jahren, nippt an ihrem *caffè* und nimmt sich dann eine der drei Scheiben *buccellato* von dem Teller, den uns der Kellner soeben gebracht hat. »Wovor denn?«

Ich seufze. »Irgendwie habe ich mich in den vier Wochen, die ich nun schon hier bin, daran gewöhnt, im Schutz der Mauer zu leben. Wenn ich daran denke, dass das bald vorbei sein wird ...«

Meine Vermieterin hält mir den Teller mit dem rosinengespickten Hefegebäck hin. »Probieren Sie! Wer keinen *buccellato* gegessen hat, war nicht in Lucca, heißt es. Und hier gibt es den besten.«

Ich gehorche – und bin überrascht. Das Gebäck hat ein viel intensiveres Aroma als gedacht. Unwillkürlich muss ich an die Weihnachtszeit denken. Welches Gewürz ist das?

»*Anice*«, sagt Signora Santini, die offenbar meine Gedanken gelesen hat. Anis, natürlich. »Ich bin überzeugt, dass man *dentro le mura* anders lebt als draußen«, kommt die Dame unvermittelt zum Thema zurück. »Obwohl ich selbst eigentlich nichts anderes kenne. Ich habe immer hier in der Altstadt gewohnt, und ich würde nie weggehen.«

Unser Tisch steht, durch einen Schirm vor der vom wolkenlos blauen Himmel brennenden Septembersonne geschützt, direkt vor dem Eingang zu Luccas ältester *pasticceria* am Rand der Piazza San Michele.

Eine Reisegruppe nähert sich. Das Logo einer italienischen Kreuzfahrtgesellschaft auf den Sonnenhüten der Teilnehmer erinnert daran, dass die Hafenstädte La Spezia und Livorno nur eine Autostunde entfernt sind. Die Reiseleiterin spricht Deutsch: »Die Grundstruktur der Altstadt, wie Sie sie heute sehen, geht zu weiten Teilen auf die Antike zurück. Hier befinden wir uns auf dem ehemaligen Forum, wo sich vor knapp zweitausend Jahren Julius Caesar mit seinen Rivalen Pompeius und Crassus traf, um über das Triumvirat zu verhandeln. Später kommen wir auf die Piazza dell'Anfiteatro, die in ihrer ovalen Form noch immer die ehemals dort befindliche römische Arena nachbildet …«

Die Gruppe zieht weiter, vorbei an einer der Hebebühnen, mit deren Hilfe seit einigen Tagen überall im *centro storico* die Beleuchtung für die anstehende Luminaria di Santa Croce an den Fassaden angebracht wird. Am 13. September wird das »Volto Santo« genannte hölzerne Kreuz aus dem Mittelalter – das wichtigste Heiligtum der Stadt – in einer spektakulären nächtlichen Prozession durch die Straßen getragen.

»Wissen Sie«, meint Signora Santini, »es ist nicht etwa so, dass hier die Zeit stehen geblieben wäre. Innerhalb der Mauern hat sich in den vergangenen Jahrzehnten vieles verändert. Eine beinahe autofreie Zone, wie Sie sie heute erleben, war das früher nicht.«

Ich erinnere mich an einen Bildband, den ich vor ein paar Tagen in einer Buchhandlung durchgeblättert habe. Aufnahmen aus den siebziger Jahren zeigten die Piazza Napoleone und die Piazza dell'Anfiteatro als riesige Parkplätze, auf denen sich die mit Schlaghosen oder bunten Sommerkleidern bekleideten Fußgänger zwischen den dicht an dicht stehenden Klein- und Mittelklassewagen durchkämpfen mussten. Heute ist Luccas berühmte Stadtmauer für Pkw ohne Ausnahmegenehmigung eine undurchdringliche Barriere.

Eigentlich handelt es sich bei der Mauer um eine komplett erhaltene Befestigungsanlage aus dem 16. Jahrhundert, die aus einem zwölf Meter hohen und bis zu dreißig Meter tiefen Wall mit integrierten Zitadellen besteht, der hinter einem sehr breiten, einst mit Wasser gefüllten Graben liegt. Sie wurde in der langen Zeit ihrer Existenz kein einziges Mal von einem feindlichen Heer belagert.

»Als ich jung war, haben dreimal so viele Menschen innerhalb der Mauern gewohnt wie heute«, fährt Signora Santini fort. »Und wegen der großen Einkaufszentren kommen die Einheimischen auch nicht mehr in die Innenstadt, um Besorgungen zu erledigen. Im Sommer fällt das wegen der vielen Touristen nicht auf, aber im Winter sind die Gassen manchmal wie ausgestorben.«

Doch auch während der Saison ist der Lärm *dentro le mura* ein anderer als draußen. Keine Sirenen, kein Hupen, keine Motoren – stattdessen Fahrradklingeln, Stimmengewirr, Rufe, Gelächter, im Hintergrund die Melodien der Straßenmusiker. Es gibt außerdem kaum moderne Gebäude, die Straßen und Gassen bestehen aus großen, unebenen Pflastersteinen. Nur die einheimischen Frauen sind auf diesem Untergrund in der Lage, hochhackige Schuhe mit Eleganz zu kombinieren.

Man bekommt innerhalb der Mauern alles zum Leben Nötige. Im Erdgeschoss unter meiner Wohnung befindet sich eine kleine Eisenwarenhandlung, gegenüber eine Parfümerie, daneben ein Schuster, dann folgt ein Spezialitätengeschäft, das Schinken, Käse, Wein und *antipasti* im Angebot hat, und am Ende der Straße eine Apotheke, deren Innenausstattung sich kaum geändert haben dürfte, seit Lucca im Jahr 1851 dem Großherzogtum Toskana beigetreten ist. Über den Schaufenstern kunstvolle Schriftzüge aus vergangenen Zeiten. Manche treffen noch heute zu – *Ferramenta, Profumeria, Calzolaio* – andere künden von einem *Panificio* oder einem *Barbiere,* den es an dieser Stelle längst nicht mehr gibt. Fünf Minuten gehe ich bis zum kleinen Supermarkt. Hundert Kirchen sorgen für das Seelenheil, vom riesigen Dom, der das Volto Santo beherbergt, bis zu der düsteren, halb verfallenen Kapelle gleich um die Ecke, in der Signora Santini täglich eine Kerze für ihren verstorbenen Gatten entzündet.

Dentro le mura, das ist eine seit zehn Jahren bei knapp neuntausend Einwohnern stagnierende Insel innerhalb einer stetig wachsenden Neunzigtausend-Einwohner-Stadt. Hier gibt es wunderschöne Plätze und Hinterhöfe, aber nicht viel Raum für Gärten, weshalb Bäume an so unmöglichen Orten wie der Spitze des Torre Guinigi wachsen. Wenn ich des Anblicks all der wuchtigen steinernen Fassaden überdrüssig bin und mich nach Weite und etwas Grün sehne, spaziere ich über eine der sanft ansteigenden Rampen auf die Mauer. Dort setze ich mich auf eine Bank im Schatten einer Platane und beobachte die Familien, die mit Leihfahrrädern auf der zu einem vier Kilometer langen Park umfunktionierten Befestigungsanlage herumkurven. Zwischendurch blicke ich über den weitläufigen, der Mauer vorgelagerten Rasen bis zu der vierspurigen Ringstraße, die um die Altstadt führt.

Ein einziges Mal habe ich in den vergangenen vier Wochen das *centro storico* durch die Porta San Donato – eines der sechs Tore – verlassen, um zu dem großen Parkplatz bei den Sportanlagen zu gelangen. Es war ein seltsames Gefühl, *fuori le mura* zu sein, wieder hinter dem Steuer meines Wagens zu sitzen, den Zündschlüssel zu drehen und den Motor aufheulen zu hören.

An diesem besonders heißen Tag wollte ich ans Meer. Also fuhr ich auf der Landstraße Richtung Westen – nach Viareggio, zum Badeort der Reichen und Schönen. Dort angekommen, kämpfte ich mich auf der Suche nach einem Parkplatz durch den dichten Verkehr. Ich hätte es wissen müssen: Im August hat ganz Italien Urlaub, und den verbringen die meisten am Strand. Irgendwann hatte ich es trotzdem geschafft: Ich stand mit meiner Badetasche auf der Promenade, konnte die Brandung hören und das Salzwasser riechen – aber nichts sehen, denn die endlose Reihe der *bagni*, die horrende Preise für eine Liege verlangten, bildete eine beinahe blickdichte Barriere.

Schließlich breitete ich mein Handtuch in einem der wenigen frei zugänglichen und deshalb besonders überlaufenen Strandabschnitte aus. Ich döste in der Sonne, lauschte dem Rauschen der Wellen, dem Geschrei der halbstarken jugendlichen Beachvolleyball-Spieler, der tiefen Stimme des andauernd telefonierenden älteren Herrn neben mir und dem Kreischen der sich im flachen Wasser drängenden Kinder. Das Meer war erfrischend, doch später, im von der Sonne gnadenlos aufgeheizten Auto, standen mir sofort wieder Schweißtropfen auf der Stirn.

Ich fuhr zurück nach Lucca, wo reger Feierabendverkehr herrschte. Auf der Ringstraße verpasste ich zweimal die Ausfahrt zum Parkplatz. Als ich den Wagen schließlich wieder abgestellt hatte und durch das Tor trat, fühlte ich mich in erster Linie erleichtert. Lärm, Stress und Hektik blieben hinter mir zurück, ich war wieder zu Hause.

»Es ist eine verführerische Vorstellung, einfach hierzubleiben«, stelle ich nachdenklich fest. »Mir fehlt nichts, ich mag das Übersichtliche an dieser kleinen Welt.«

Signora Santini nickt. »Ja, das kann ich verstehen.«

Sie hat mir für diesen Sommer ihre Nachbarwohnung in einem der unzähligen historischen *palazzi*

Luccas vermietet. Das Apartment ist nicht groß, aber wunderschön: ein schmales, hohes Zimmer mit einer Kochnische, das Bett auf einer hölzernen Galerie unter der von sichtbaren Balken getragenen Decke, ein winziges Bad nebenan. Beim Blick aus dem Fenster schwebe ich weit über den Köpfen der Menschen, die auf der Via Santa Croce – einer der Hauptschlagadern der Altstadt – unterwegs sind.

Ich habe meine Lieblingsbäckerei gefunden und weiß längst, welche der zahlreichen Eisdielen innerhalb der Mauern die beste ist. Wenn ich morgens das blecherne Scheppern eines Rollgitters höre, dann heißt das: Es ist neun Uhr, in der Parfümerie gegenüber beginnt der Arbeitstag. Kurz darauf erklingt von unten Musik durch das geöffnete Fenster. Mal ist es eine Geige, mal eine Gitarre, dann wieder ein Tenor, der Arien aus Puccini-Opern singt: »*Che gelida manina, se la lasci riscaldar …*«

Dem Komponisten selbst begegne ich beinahe täglich. In Bronze gegossen, ein Bein über das andere geschlagen und mit einer Zigarette zwischen den Fingern, sitzt er lässig vor seinem Geburtshaus, das heute ein ihm gewidmetes Museum beherbergt. Er wirkt entspannt, obwohl seine streng auf Ordnung bedachte Heimatstadt es ihm nicht leicht gemacht hat. In jungen Jahren wurde Puccini wegen eines unschicklichen Verhältnisses mit einer verheirateten Frau vertrieben. Viel später erst hat Lucca den nun weltberühmten Mann wieder als ihren Sohn anerkannt.

Abends setze ich mich gelegentlich auf einen von der Sonne aufgeheizten Mauervorsprung in der Via Roma, betrachte die vorbeiflanierenden Touristen und übe mich darin, ihre Nationalität zu bestimmen, noch bevor ich sie miteinander sprechen höre. Die Einheimischen erkennt man leicht, sie flanieren nicht, sondern gehen zügig, telefonieren dabei oft und schenken ihrer Umgebung wenig Aufmerksamkeit. Unter ihnen sind auffällig viele elegante Herren mittleren Alters, die Hosen aus gelbem oder rotem Stoff und dazu edle braune Lederschuhe tragen. Diese grau melierten *signori* fahren am Wochenende mit dem Fahrrad zu den *pasticcerie* und kaufen dort in gold- oder silberfarbenes Geschenkpapier gehüllte *dolci*, süßes Gebäck, das den Abschluss für das opulente Sonntagsessen der Familie bilden wird.

Das ist das wohlhabende, selbstbewusste Lucca, denke ich, während ich sie beobachte. Eine einzigartige Stadt, die sich stolz zwischen ihren berühmteren Nachbarn Florenz und Pisa behauptet.

Der Kellner räumt unseren Tisch ab, ich bedanke mich bei Signora Santini für die Einladung.

»Ohne Sie hätte ich den *buccellato* nicht probiert – und dann wäre ich ja am Ende gar nicht wirklich hier gewesen, nicht wahr?«

»Doch, meine Liebe, Sie waren hier. Und auch wenn Sie bald wieder abreisen müssen, wissen Sie jetzt, wo Sie, wenn nötig, Zuflucht finden können. Denn unsere Mauern werden bleiben.«

Gottesgeschenk

Die heißen Quellen der südlichen Toskana

»Lo sai, perchè loro stanno dentro l'acqua? Vogliono vivere eternamente.«

»Weißt du, warum sie im Wasser sind? Sie wollen ewig leben.«
ANDREI TARKOVSKY, Nostalghia

Hatte er den Menschen nicht alles gegeben, was sie brauchten? Lebten sie nicht von den reichen Erträgen eines fruchtbaren Bodens? Wohnten sie nicht in bequemen, Schutz vor Wind und Wetter bietenden Häusern? Sie waren die unbestrittenen Herren über das Land – und was taten sie? Ließen sich von Neid und Missgunst auseinandertreiben, verwüsteten in nicht enden wollenden Fehden ihre eigene Lebensgrundlage. Sie betrogen einander, raubten und mordeten.

Lange – zu lange – hatte er diesem Treiben tatenlos zugesehen. Doch nun war es genug, der Zorn des Saturn ließ sich nicht mehr bändigen. Düstere, Unheil verheißende Wolken türmten sich am Himmel auf, mit einem Mal fegte ein heftiger Sturm über das Land, heulte bedrohlich, riss Bäume zu Boden, rüttelte an Türen und Fenstern. Dann ein gleißendes Licht und ein ohrenbetäubender Knall, ein Blitz, der von dort, wo er mit einer gewaltigen

Explosion einschlug, glühende Felsbrocken in alle Himmelsrichtungen schleuderte. Es schien tatsächlich, als hätte sich ein Tor zur Hölle geöffnet, um die Welt in Feuer und Schwefel untergehen zu lassen.

Aber es war nicht das Ende. Irgendwann verzog sich der Sturm, und bald darauf wich die Finsternis einem neuen, sonnigen Tag. Man hätte glauben können, das schreckliche Unwetter sei nichts als ein böser Traum gewesen – wenn da nicht das durch den Blitz in das Gestein gesprengte klaffende Loch gewesen wäre, aus dem noch immer heißes Wasser und schwefliger Dampf strömten.

Die unheimliche Quelle floss von nun an ohne Unterlass, das Wasser rann über den Fels hinab und sammelte sich dabei in mehreren großen und kleinen Vertiefungen. Die Menschen näherten sich zunächst nur vorsichtig, doch schon bald fassten einige Mut und legten sich in die Becken, um die wohltuende Wärme des Wassers zu genießen. Neugierig geworden, taten die anderen es ihnen schließlich gleich. Besänftigt durch die heilsame Wirkung der Quelle von Saturnia besannen die Menschen sich und ließen ihre Fehden ruhen – es begann ein Zeitalter der Friedfertigkeit.

Ich stelle den Motor ab und bemerke winzige Tropfen auf der Windschutzscheibe. Fünfzehn Grad, grauer, wolkenverhangener Himmel – und jetzt auch noch Nieselregen. Nicht gerade ein zum Schwimmen in der freien Natur einladendes Wetter. Trotzdem trage ich unter meiner warmen Kleidung bereits einen Badeanzug. Einen alten, den ich eigentlich schon aussortiert hatte.

»Du kannst die Sachen waschen, so oft du willst«, hat mich meine Freundin Cinzia gestern noch mal gewarnt, »den Geruch wirst du nie wieder rauskriegen.«

Ich öffne die Wagentür, sofort weht mir ein Hauch von Schwefel um die Nase. Die heißen Quellen können nicht weit entfernt sein. Auf den letzten Kilometern, während ich durch die dunklen Wälder an den Flanken des Monte Amiata gefahren bin, habe ich nach Dampfwolken Ausschau gehalten und außerdem nach schillernden Werbeschildern für Spa- und Wellness-Hotels. Nichts davon ist mir begegnet. Beinahe hätte ich sogar die Abfahrt in den unscheinbaren, zwischen den Bäumen versteckten Ort Bagni San Filippo verpasst.

Mein Auto steht nun rechts am Straßenrand, auf einem der ausgewiesenen Parkplätze in der lang gezogenen Linkskurve vor dem Ortseingang. Hinter der Leitplanke fällt das bewaldete Gelände stark ab. Irgendwo dort unten muss der Fluss sein. Ich nehme das Badetuch vom Rücksitz und mache mich zu Fuß auf den Weg.

Nicht weit vor mir erscheinen die ersten Häuser. Eine einfache Bar links der Straße. Durch die großen Fenster sehe ich Männer, die an der Theke ihren *caffè* trinken und sich dabei angeregt unterhalten. Einer von ihnen bemerkt mich, sein Blick begegnet meinem für eine Sekunde, dann wendet er sich wieder ab. Ich fühle mich fehl am Platz, mit dem Badetuch in meiner Hand, während ich den kühlen Wind und die winzigen Regentropfen auf meinem Gesicht spüre.

Direkt gegenüber der Bar weist ein rostiges Schild auf den nach rechts in den Wald abzweigenden Fußweg zu den Quellen hin. Ich folge ihm. Eine vielleicht fünfzigjährige, mit einem blauen Bademantel bekleidete Frau kommt mir entgegen. Auch sie hat ein Handtuch dabei. An ihren nackten Füßen trägt sie Flip-Flops. Die Frau lächelt mir kurz zu. Ich fühle mich sofort etwas besser. Immerhin bin ich nicht die Einzige, die heute hier ins Wasser möchte.

Der Monte Amiata ist, auch wenn er sich seit mindestens hundertachtzigtausend Jahren nicht mehr geregt hat, eigentlich ein Vulkan. Die frei zugänglichen Thermalquellen in Saturnia, Bagno Vignoni, Bagni San Filippo, Bagni di Petriolo und San Casciano, die seit jeher von Menschen genutzt und für ihre heilende und entspannende Wirkung geschätzt werden, sind deutlich sichtbare Zeichen seiner turbulenten Vergangenheit. Ihr heißes Wasser und ihr Schwefelgeruch zeugen davon, dass es unter der idyllischen Landschaft der südlichen Toskana bis heute feurig brodelt.

Stets hatten diese Quellen etwas Geheimnisvolles an sich, eine mit einem Hauch Unbehagen gemischte Faszination, die in zahlreichen Legenden Niederschlag findet. Dazu gehört auch die vom Zorn des Gottes Saturn.

Das Zeitalter der Friedfertigkeit, von dem am Ende der Erzählung berichtet wird, hat leider nicht ewig angehalten. Doch Thermalwasser fließt in Saturnia noch immer in Strömen, und die Menschen kommen von nah und fern, um sich gratis an den natürlichen, modernen Whirlpools ähnelnden Becken zu erfreuen.

Auch hier in Bagni San Filippo soll die natürliche Quelle frei und kostenlos zugänglich sein. Trotzdem rechne ich – während ich dem ausgewiesenen Pfad folge und der Schwefelgeruch immer intensiver wird – damit, dass jeden Augenblick eine Schranke auftaucht, die sich nur bei Bezahlung öffnet. Unter den Bäumen links und rechts des Weges stehen Picknicktische und Toilettenhäuschen, alles wirkt sauber und gepflegt.

Plötzlich blitzt vor mir etwas Helles zwischen den Ästen und Blättern hervor. Wenige Schritte weiter und ich finde mich vor der Balena Bianca wieder, dem »weißen Wal«, einer in Jahrtausenden durch die Kalkablagerungen des Quellwassers geformten, blendend weißen Felswand.

Davor sitzt, mit dem Rücken zu mir, ein alter Mann auf einem einfachen Klappstuhl, wie ihn Angler benutzen. Er hat seine Hose bis fast zu den Knien hochgekrempelt und taucht seine Füße in ein winziges, vom Quellwasser gespeistes Becken. Als er meine Schritte hört, wendet er sich zu mir um.

»*Buon giorno*«, sage ich und halte inne.

»*Buon giorno*«, erwidert der Mann mit heiserer Stimme. Dann deutet er auf seine Füße. »*Fa bene, l'acqua.* Das Wasser tut gut.«

Etwa fünfundzwanzig Kilometer weiter nördlich konnten die Menschen über Jahrhunderte mitten im Zentrum von Bagno Vignoni ihre Zipperlein kurieren. In einem mit Steinmauern eingefassten rechteckigen Bassin lagen die Badenden im hüfthohen, warmen Wasser. Die Stille wurde nur gelegentlich durch ein leises Plätschern oder ein gemurmeltes Wort unterbrochen, während an kühlen Tagen schweflige Dampfschwaden wie zäher Nebel durch die umliegenden Laubengänge und die engen Gassen des kleinen Ortes zogen. Anfang der achtziger Jahre setzte der russische Regisseur Andrei Tarkovsky dieser gespenstisch-melancholischen Atmosphäre mit seinem Film »Nostalghia« ein Denkmal. Heute ist das Baden *in piazza* aus hygienischen Gründen untersagt, stattdessen bieten Thermen-Hotels ihre Dienste an – oder man sucht die naturbelassenen Badestellen etwas außerhalb von Bagno Vignoni auf.

Ich habe meine Kleidung über einen Holzbalken gehängt, dort schützt sie das Blätterdach eines Baumes mehr schlecht als recht vor dem Regen. Nun wate ich vorsichtig durch den Bach, in den sich die Thermalquelle von Bagni San Filippo ergießt und der so kalt ist, dass meine Füße beinahe taub werden. Auf der anderen Seite wurden durch das Aufschütten einfacher Dämme aus Kieselsteinen und Erde zwei flache Becken geschaffen, in denen sich das heiße Wasser sammelt. Es ist weißlich-trüb, auf seiner glatten Oberfläche zeichnen sich nur die spärlichen Regentropfen ab. Ein wenig Dampf steigt auf, doch er wird bereits nach ein paar Zentimetern von der kühlen Brise verweht.

Sie hatten Filippo Benizi überlistet, und er war kurz davor, in ihre Falle zu gehen. Nun musste er untertauchen, das war seine letzte Chance. Denn er war zwar durchaus bereit, sein Leben in den Dienst des Glaubens zu stellen – als äußerst erfolgreicher Prior des Servitenordens hatte er den Beweis dafür längst erbracht –, aber eines wollte Filippo unter keinen Umständen: Papst werden.

Man ahnte es wohl in Viterbo, wo das in zwei Lager gespaltene Wahlkollegium seit zwei Jahren erfolglos um eine Einigung rang. Sie hatten Filippo gebeten, sich als Berater und Vermittler zur Verfügung zu stellen, um die festgefahrene Situation zu lösen. Arglos und pflichtbewusst war er aus Florenz aufgebrochen. Nur durch Zufall erfuhr er unterwegs vom wahren Grund für seine Einberufung: Die Kardinäle hatten ihn als Kompromisskandidaten ausersehen – nach seiner Ankunft würde man ihn zum mächtigsten Mann der Kirche wählen. Doch in Viterbo wartete man vergeblich. Monatelang blieb Filippo Benizi verschwunden, bis die Versammlung am 1. September 1271 nicht ihn, sondern Tebaldo Visconti als Gregor X. zum neuen Papst erkor.

Die Höhle, in der sich der vierhundert Jahre später heiliggesprochene Filippo so lange versteckt gehalten haben soll, befindet sich gleich hier in der Nähe. Ob er in der Zeit, die er hier verbrachte, das Thermalwasser des Ortes selbst genossen hat? Es wäre ihm jedenfalls zu wünschen, denke ich, während ich mich in den warmen Fluten ausstrecke und mich eine angenehme Schläfrigkeit überkommt.

Ich habe mir einen Platz nahe der Stelle ausgesucht, an der die Quelle austritt. Bis zu zweiundfünfzig Grad heiß, angereichert mit Sulfat, Kalziumkarbonat und Magnesium, empfohlen bei Gelenkschmerzen und Problemen mit den Knochen, der Haut, den Nasennebenhöhlen, den Bronchien oder der Lunge. All das hat mir mein Reiseführer erklärt – doch dabei handelt es sich um spröde Fakten. Nun, da ich bis zum Hals im seichten, dampfenden Wasser liege, den feinen Schlamm unter mir spüre und durch die Wipfel der Bäume in die Wolken blicke, fühle ich etwas, das darüber weit hinausgeht: tiefe Geborgenheit, wohlige Entspannung, mein ganz persönliches Zeitalter der Friedfertigkeit.

Ich schließe die Augen, während ich darüber nachdenke, welch ungeahnte Geschenke die aus unserer Sicht allzu oft nur als zerstörerisch wahrgenommene Kraft des Vulkanismus bereithält. Wohltuende und gesundheitsfördernde Bäder, wie ich gerade eines nehme, sind nur einer der vielen positiven Aspekte. Der italienische Stromversorger ENEL beispielsweise betreibt am Monte Amiata, gar nicht so weit von meiner Badestelle in Bagni San Filippo entfernt, ein Erdwärmekraftwerk, das den aus der Tiefe aufsteigenden Dampf zur Energiegewinnung nutzt. Gleiches geschieht weiter nördlich, in der noch viel größeren Anlage von Larderello bei Volterra, in einem Tal, das wegen seiner vulkanischen Aktivität »Valle del Diavolo« genannt wird.

Das dortige geothermische Kraftwerk war Anfang des 20. Jahrhunderts das weltweit erste seiner Art und ist bis heute eines der größten. Die »teuflische« Kraft, die unter der toskanischen Erde waltet, bietet hervorragende Voraussetzungen für eine relativ saubere Art der Stromgewinnung – mehr als ein Viertel des Verbrauchs in der Region werden derzeit auf diese Weise gedeckt.

Mit etwas Mühe öffne ich die Augen wieder. Langsam droht meine wohlige Entspannung in handfeste Müdigkeit überzugehen. Sosehr ich es mir in diesem Augenblick auch wünsche – ich kann leider nicht ewig im warmen Wasser ausharren. Streng genommen nicht einmal länger als fünfzehn Minuten, wenn es nach meinem Reiseführer geht. Andernfalls drohen angeblich Kreislaufprobleme. Ich habe die Viertelstunde bestimmt schon überschritten – es wird also höchste Zeit.

Die Luft ist jetzt noch kälter, ganz zu schweigen vom Wasser des Baches, den ich nun wieder durchqueren muss. Trotzdem wasche ich mich kurz darin, nicht nur wegen des Schwefelgeruchs, sondern auch, um wieder Leben in meine erstaunlich träge gewordenen Muskeln zu bekommen. Nachdem ich mich abgetrocknet und angezogen habe, mache ich mich auf den Rückweg.

Noch immer fühle ich mich etwas benommen. Der Weg ist derselbe, aber die Strecke hinauf in den Ort scheint länger zu sein als die hinunter zur Quelle. Auf jeden Fall ist sie anstrengender.

Ich höre Stimmen. Ein junges Pärchen kommt mir entgegen. Auch die beiden haben Handtücher dabei. Sie bleiben stehen, wechseln ein paar Worte und sehen sich etwas verunsichert um. Unsere Blicke begegnen sich, ich lächle sie aufmunternd an. Nur zu, keine Scheu. *Fa bene, l'acqua.*

Drei Komponenten und eine Menge Tradition

Wie ein bayerischer Koch die Aromen der Toskana lieben lernte

Warum ist das toskanische Brot ungesalzen? Natürlich sind, zumindest wenn es nach den Florentinern geht, die Pisaner schuld daran. Das ist fast immer so. Nicht umsonst lautet ein geflügeltes Wort in der toskanischen Hauptstadt: *Meglio un morto in casa che un Pisano all'uscio* – was so viel heißt wie: Lieber ein Toter im Haus als ein Pisaner vor der Tür. Die Florentiner haben natürlich ihrerseits in Pisa einen ähnlich üblen Ruf.

Derartige Rivalitäten gibt es zwischen sehr vielen Städten der Toskana. Es ist anzunehmen, dass sie auf mittelalterliche Zeiten zurückgehen, in denen Pisa, Florenz, Siena, Lucca, Arezzo und Livorno Kriege gegeneinander führten und in denen gelegentlich auch eine Stadt die andere beherrschte, nur um bald darauf von einer dritten überflügelt zu werden.

Doch zurück zum Brot. Die Hafenstadt Pisa, erzählt man sich, habe einst hohe Zölle auf Salzimporte verlangt. Die Städte im Hinterland hätten ihrem verhassten Nachbarn diese Einnahmen natürlich nicht gegönnt und mit einer Trotzreaktion geantwortet: Fortan sei so viel Salz wie möglich eingespart worden – weshalb das traditionelle toskanische Brot bis heute ohne diese Zutat auskomme.

Diese Geschichte ist – auch wenn sie viel über die toskanische Mentalität aussagt – wohl nicht mehr als eine Legende. In Wirklichkeit dürfte der für Auswärtige ungewohnte Geschmack des *pane toscano* mit den besonders würzigen Spezialitäten zusammenhängen, die seit jeher mit ihm kombiniert werden. Dazu gehört der aromatische toskanische Schinken aus Greve genauso wie die Salami von der *cinta senese,* dem schwarz gefleckten Sieneser Sattelschwein. Die gibt es in abgewandelter Form auch als *finocchiata* – also mit Fenchelsamen gewürzt und mit einem Schuss Chianti abgerundet.

Beim toskanischen Käse überwiegen ebenfalls intensive Aromen: In der Renaissancestadt Pienza duftet es in den Gassen der Spezialitätengeschäfte betörend nach dem berühmten *pecorino di Pienza,* der zum *aperitivo* gern gemeinsam mit rohen grünen Favebohnen aus der Region genossen wird – und natürlich mit frischem ungesalzenem Weißbrot.

»Essen ist in der Toskana etwas Einfaches, Schnörkelloses – und doch ist es zweifellos eine Kunst. Jeder beschäftigt sich andauernd damit, trotzdem geht es fast nie um Innovation. Es dreht sich alles um die alten Rezepte, um die ursprünglichen Aromen, um zwei oder drei Zutaten, die einem Gericht seinen Charakter verleihen.«

Sebastian Mayer muss es wissen. Der stattliche Bayer mit freundlichem bärtigem Gesicht und tätowierten Oberarmen ist mit neunzehn Jahren als junger Koch nach Florenz gekommen – ohne ein Wort Italienisch zu sprechen. Der Liebe wegen.

»Meine damalige Freundin hat in Florenz Kunst studiert. Als ich zu ihr gezogen bin, hat sie gemeinsam mit mir die Restaurants abgeklappert und mich vorgestellt. Ich selbst konnte ja nichts sagen – bis auf zwei Worte, die sie mir vorher noch eingebläut hatte: *Sto imparando*. Ich lerne.«

Gelernt hat Sebastian Mayer in den folgenden knapp zwölf Jahren viel mehr als nur die Sprache. Ein Schotte, der sich unter den Köchen in der Toskana bereits einen Namen gemacht hatte, nahm ihn unter seine Fittiche. In seinem Lokal wurde saisonal gekocht und rigoros das Beste aus den hervorragenden geschmackvollen Zutaten gemacht, die man in Florenz überall problemlos erwerben kann.

»Extra als Bio-Ware ausgezeichnete Lebensmittel waren in der Toskana lange Zeit überhaupt kein Thema. Und zwar weil hier seit jeher anders eingekauft wird. In Florenz gibt es nicht nur den hervorragenden *mercato centrale*, sondern auch viele kleine Märkte, auf denen regionale Erzeuger ihre Produkte direkt verkaufen. Was andernorts lange nicht mehr praktiziert wurde und seit einiger Zeit als neuer Trend wiederkehrt, hatte sich hier wie selbstverständlich erhalten.«

Die Bewohner der Toskana haben eben ein besonderes Verhältnis zu ihren Lebensmitteln. Es ist kein Zufall, dass die Region eine tragende Säule der im Piemont entstandenen und inzwischen weltweit bekannten Slow-Food-Bewegung ist. Regionale, nicht industriell verarbeitete Produkte und saisonale Küche werden von deren Anhängern ebenso propagiert wie die Besinnung auf traditionelle Produktions- und Zubereitungsmethoden sowie die Rettung alter Obst- und Gemüsesorten, die modernen Effizienzstandards zum Opfer zu fallen drohen.

Neben dem Slow Food existiert in Florenz jedoch auch eine ganz eigene Variante von Fast Food, die ebenfalls viel mit traditioneller Küche zu tun hat. *Lampredotto* ist der Name eines Gerichts, das seit jeher aus dem Labmagen des Rindes zubereitet wird. Dieser wird dafür in Brühe gekocht und mit Zwiebeln, Tomaten und Petersilie verfeinert. In Florenz bieten die sogenannten *trippai* in ihren Buden bis heute *lampredotto* im *panino* als schnellen Snack für zwischendurch an, wahlweise mit *sugo verde* – also grüner Sauce aus verschiedenen Kräutern – oder mit scharfem Chili. Eine Spezialität, die es wirklich nur hier gibt und die nicht in das heute übliche, weltweit austauschbare Fast-Food-Einerlei von Hamburger bis Döner passt.

»*Lampredotto* sieht vielleicht etwas gewöhnungsbedürftig aus«, gibt Sebastian Mayer zu. »Aber wer sich überwinden kann, ihn zu probieren, auf den wartet eine kulinarische Überraschung. Es hängt allerdings ein wenig davon ab, an wen man gerät. Manche *trippai* machen ihre Sache einfach nur gut – andere dagegen sind in der Lage, aus diesem unscheinbaren Rezept ein echtes Geschmacksfeuerwerk zu kreieren.«

Sebastian Mayers erster Küchenchef in der Toskana lebte und liebte die einheimische Küche. Im

Frühling servierte er in seinem Restaurant *gnocchi* mit wildem Spargel und aromatisches Fenchelgemüse, im Herbst *pasta* aus Kastanienmehl mit Wildschweinragout. Außerdem gab es bei ihm natürlich *baccalà,* durch Salz konservierten Kabeljau, der in der Toskana nach dem notwendigen stundenlangen Wässern gern *alla livornese* in Olivenöl gebacken mit Tomaten, Kartoffeln und Knoblauch serviert wird.

Für Sebastian Mayer begann an der Seite des Schotten seine persönliche »Grand Tour« durch die gehobene Küche der Region. Er kochte mit ihm unter anderem zwei Jahre lang in einem neu eröffneten Florentiner Luxushotel. Hier gaben Norditaliener den Ton an – doch auch bei ihnen galt die Grundregel der toskanischen Küche: Weniger ist meistens mehr.

»Oft sind es tatsächlich die berühmten drei Komponenten, also nicht mehr als drei elementare Zutaten, die richtig gutes toskanisches Essen ausmachen. Geschmack und Qualität sind entscheidend. Nehmen wir die *pappa al pomodoro*. Das ist ein einfacher Brei auf der Basis von Brotresten vom Vortag, die mit Tomaten, Olivenöl und ein paar Gewürzen vermengt werden. Diese *pappa* gibt es in der Toskana überall, meistens wird sie unscheinbar in einer Schüssel serviert. Aber wenn man dieses Gericht sorgfältig herstellt – mit den besten geschmackvollen Tomaten und exzellentem toskanischem Olivenöl – und das Ganze dann noch ansprechend serviert, etwa auf gerösteten Brotscheiben mit frittiertem Basilikum darüber, dann kann auch so etwas scheinbar Simples eine echte Offenbarung sein.«

Später verschlug es Mayer in ein Lokal in der Maremma, der einzigartigen Küstenlandschaft der südlichen Toskana. Auf den dieser ehemaligen Sumpflandschaft abgerungenen riesigen Weiden grasen nicht nur die Pferde der *butteri*, wie die stolzen »Cowboys« der Gegend genannt werden, sondern auch die bei Feinschmeckern in aller Welt bekannten Chianina-Rinder.

Die imposanten schneeweißen Tiere werden sehr groß. Männliche Exemplare erreichen nicht selten eine Höhe von mehr als einem Meter neunzig. Jahrhundertelang waren sie unersetzbare Helfer in der Landwirtschaft und beim Gütertransport. Vor einen Karren oder einen Pflug gespannt sieht man sie heute kaum noch, und für die Milchproduktion sind Chianina-Rinder wegen des geringen Ertrags nicht geeignet. Doch ihre Zucht erfüllt nach wie vor einen wichtigen Zweck, immerhin bilden sie die Grundlage für eines der berühmtesten toskanischen Gerichte: die *bistecca fiorentina*.

»Das ist eigentlich ein klassisches T-Bone-Steak mit dem charakteristisch geformten Knochen«, erklärt Sebastian Mayer. »Aber das Fleisch des Chianina-Rinds ist besonders hochwertig und mager, was man bei der Zubereitung unbedingt beachten muss. Zuerst war ich erstaunt, als ich gesehen habe, dass der Rinderrücken tagsüber bei Zimmertemperatur gelagert wird. Das kannte ich aus Deutschland so nicht. Aber schnell habe ich gemerkt: Anders würde es gar nicht funktionieren. Die *bistecca alla fiorentina* darf nämlich, um nicht zu trocken zu werden, wirklich nur ganz kurz gebraten werden – sie wird sprichwörtlich von der Flamme geküsst. Käme das Fleisch direkt aus der Kühlung, wäre es beim Servieren innen noch total kalt.« Und darum, dass das Fleisch verderben könnte, muss man sich in einem guten Restaurant keine Gedanken machen. »Wenn die Leute wissen, dass die Qualität stimmt, dann bleibt das Fleisch sowieso nicht lange liegen.«

Seine letzten vier »italienischen« Jahre verbrachte Mayer wieder in der toskanischen Hauptstadt und arbeitete in einer echten Florentiner Institution, dem »Cibreo«. Dieses zentral gelegene Restaurant existiert bereits seit über vierzig Jahren. In der Welt der Spitzengastronomie, wo die Lebensdauer von Lokalen in der Regel kaum vier oder fünf Jahre übersteigt, ist das fast eine Ewigkeit.

Fabio Picchi, ein Mann von hünenhafter Gestalt mit imposantem weißgrauem Bart, gründete das »Cibreo« im Jahr 1979. Seitdem ist er unbestrittener Chef des gesamten Unternehmens, zu dem heute auch eine *trattoria*, ein *caffè*, ein Theater und ein Spezialitätengeschäft gehören.

»Fabio ist ein starker Charakter«, erzählt Sebastian Mayer. »Er hat Ausstrahlung und natürliche Autorität. Er weiß genau, was er will, und setzt seine Vorstellungen rigoros in die Tat um. Ihn zeichnet nicht nur ein Sinn für hervorragendes Essen aus, sondern auch ein Talent dafür, durch die Einrichtung seiner Lokale eine genau passende Atmosphäre zu schaffen. Und der Erfolg gibt ihm recht.«

Dem umtriebigen Original der Florentiner Gourmet-Szene ging es von Beginn an um die authentischen Aromen der Toskana und um die Schätze, die in dieser Region stets nur einen Steinwurf entfernt zu haben sind: bestes Wild für den *coniglio all' uvetta*, ein mit Rosmarin und Rosinen gewürztes Kaninchen, das mit Vin Santo abgelöscht wird. Exzellentes Gemüse und frische Kräuter vom Markt gleich neben dem Restaurant. Daraus wird dann zum Beispiel die *ribollita* gekocht, ein traditioneller Eintopf, in dem das typische toskanische Wintergemüse namens *cavolo nero* nicht fehlen darf, das in Deutschland auch Toskanischer Kohl genannt wird. Manche Gäste kommen extra für Picchis Fischgerichte ins »Cibreo« – die müssen auf der Karte vertreten sein, das Meer liegt zwar nicht direkt vor der Haustür, ist aber doch nur etwa siebzig Kilometer entfernt.

»*Cibreo* ist eigentlich der Name eines alten toskanischen Eintopfgerichts. Da gehören Hühnerinnereien, Hahnenkämme und Derartiges hinein.« Da ist er wieder: der Dreiklang aus einfachen Zutaten, Tradition und Sorgfalt.

Auch Fabio Picchi hat sich diesen Grundsätzen verschrieben. Nicht nur das macht ihn zu einem echten toskanischen Urgestein, sondern auch seine politische Einstellung: Picchi ist, wie es sich in der Toskana gehört, überzeugter Kommunist. Vielleicht ist das der Grund dafür, dass es in seiner *trattoria* das exakt gleiche Essen wie im Restaurant gibt – nur billiger, mit etwas weniger Auswahl und ohne die Möglichkeit, einen Tisch zu reservieren.

Das ebenfalls direkt in der Nachbarschaft gelegene *teatro* bietet wöchentlich die Möglichkeit, nach einem lockeren Abendbuffet ein Bühnenprogramm zu verfolgen. Im »Cibreo« kann man im Gegensatz zum Restaurant auch *Pasta*-Gerichte bekommen, außerdem hervorragende Sandwiches und natürlich süße Gaumenfreuden.

Die *dolci* der Toskana böten alleine genug Stoff, um ein eigenes Buch zu füllen. Eine inzwischen weltweit berühmte Gebäckspezialität stellen die *cantucci* dar. Diese Mandelplätzchen, die zum Nachtisch in süßen bernsteinfarbenen Vin Santo getaucht werden, wurden im 19. Jahrhundert von Antonio Mattei bekannt gemacht. Seine Bäckerei in Prato existiert bis heute, man versteht sich dort als Hüter der toskanischen *Cantucci*-Tradition.

Traditionelles toskanisches Gebäck basiert – wie die Kochkunst – in der Regel auf einfachen alten Grundrezepten: *Castagnaccio* etwa, ein Blechkuchen aus Kastanienmehl, wurde früher von der armen Landbevölkerung gebacken, die sich Weizenmehl nicht leisten konnte. Er geriet fast in Vergessenheit, wurde vor Kurzem wiederentdeckt und gilt heute als Spezialität, die man vor allem im Herbst in verschiedenen Varianten bekommt, beispielsweise mit Trockenfrüchten und Nüssen oder mit Rosmarin und Olivenöl.

In der nordwesttoskanischen Stadt Lucca verkaufen die Bäckereien und Cafés ein unscheinbar wirkendes Gebäck aus Hefeteig mit Rosinen, das *bucellato* genannt wird und durch seinen feinen Anisgeschmack besticht.

Ebenfalls sehr traditionsreich und eng mit seiner Herkunftsstadt verbunden ist der *panforte di Siena.* Jede gute *pasticceria* in Siena und im Umland bietet davon ihre hausgemachte Variante an. Das Früchtebrot wird aus Mehl, Honig, Zucker, Mandeln, Haselnüssen, Zitronat und Orangeat hergestellt und mit Gewürzen verfeinert. Sein Ursprung liegt wohl im ausgehenden Mittelalter, als die Handelsstadt Siena mit den kulinarischen Schätzen des Orients in Berührung kam und sich von der aromatischen Vielfalt beeinflussen ließ.

Beim Nachtisch darf es in der Toskana auch einmal etwas aufwendiger zugehen – etwa wenn ein *zuccotto* serviert wird. Die kuppelförmige eisgekühlte Torte besteht aus mit Hochprozentigem getränktem Biskuitteig und einer sahnigen Füllung. Man sagt, dass sie im 16. Jahrhundert vom berühmten Architekten und Ingenieur Bernardo Buontalenti als Dessert für die legendären Bankette der Medici erfunden wurde. Deshalb gilt der *zuccotto* auch als der älteste *semifreddo* – also Halbgefrorenes – der Geschichte.

Ebenfalls mithilfe von Biskuit wird eine bekannte Süßspeise hergestellt, auf deren Erfindung mehrere italienische Regionen Anspruch erheben: die *zuppa inglese.* Die toskanische Variante der Entstehungsgeschichte lautet folgendermaßen: Das englische Hausmädchen einer wohlhabenden Familie aus Fiesole habe sich aus Sparsamkeit geweigert, übrig gebliebenes Essen wegzuwerfen. Als eines Tages überraschend Besuch kam, habe sie für den Nachtisch improvisieren müssen und sei in der Speisekammer auf bereits hart gewordenes Gebäck gestoßen. Sie habe es kurzerhand in Kräuterlikör eingeweicht, Dessertcreme sowie Eischnee hinzugegeben und das Ganze schließlich mit Kakao bestreut: Voilà – die erste jemals zubereitete *zuppa inglese*.

Natürlich gehört auch diese Geschichte höchstwahrscheinlich in das Reich der Legenden, so wie die von den Pisanern, die das ungesalzene toskanische Brot zu verantworten hätten. Doch auch an den Legenden, die sich um sie ranken, lässt sich der Stellenwert ermessen, den gute Lebensmittel in der Toskana genießen.

Sebastian Mayer ist inzwischen wieder nach Bayern zurückgekehrt. Der Liebe wegen.

»Meine Tochter ist jetzt eineinhalb Jahre alt«, erklärt er, während das kleine blonde Mädchen auf seinem Schoß lacht und sich mit neugierigen Augen umsieht. »Meine Familie war mir letztlich wichtiger, als täglich bis zu fünfzehn oder sechzehn Stunden in der Küche eines Restaurants zu stehen. Aber meine Jahre in der Toskana waren unvergesslich, ich habe Erfahrungen gemacht, die ich niemals missen möchte, und ich werde sicherlich immer wieder dorthin zurückkehren. Erst vor ein paar Monaten bin ich mit meiner Frau und meiner Tochter nach Florenz gefahren, um Fabio Picchi und meine ehemaligen Kollegen im »Cibreo« zu besuchen. Alle haben sich gefreut und die Kleine natürlich sofort ins Herz geschlossen. Wenn man in der Toskana Freunde gefunden hat, ist das, als würde man zur Familie gehören. Und das will etwas heißen, denn Familie ist dort mindestens so wichtig wie gutes Essen.«

Die Erben der Medici

Die Habsburger als Herrscher der Toskana

1729 trat Gian Gastone de' Medici, der von Alkoholmissbrauch und Depressionen gezeichnete siebte Großherzog der Toskana, zum letzten Mal öffentlich in Florenz auf. In den folgenden zwei Jahren verließ der kinderlose Herrscher seine Gemächer im Palazzo Pitti nicht mehr, er beschränkte seinen Wirkungskreis bald auf sein Schlafzimmer und blieb schließlich monatelang allein im Bett, umgeben von heilloser Unordnung. Seine Günstlinge, die ihn bei jeder Gelegenheit bestahlen und hintergingen, bereicherten sich am Verkauf von Audienzen bei einem Herrscher, der sich innerlich längst von seinem Reich verabschiedet hatte und nur noch auf seinen eigenen Tod zu warten schien.

Gian Gastone war nicht der Einzige, der wartete – auch in Wien und Paris harrte man ungeduldig seines Ablebens. Einige Jahre zuvor hatten sich die Herrscherhäuser der Habsburger und der französischen Bourbonen auf einen Frieden geeinigt, der erst in Kraft treten konnte, wenn der letzte männliche Nachkomme der Medici sein Leben ausgehaucht hätte. Dann nämlich würde das nunmehr herrscherlose Großherzogtum Toskana an die Habsburger fallen, die dafür Lothringen an die Franzosen abgeben sollten. Die ruhmreiche Familie der Medici, die Florenz und die Toskana zum Zentrum der europäischen Kultur gemacht hatte, schleppte sich, ausgelaugt und schwach, ihrem Ende entgegen. Am Himmel kreisten bereits die Geier, in Erwartung reicher Beute.

Im Juli 1737 war es so weit: Gian Gastone starb. Der neue Großherzog hieß Franz II., er war der Ehemann von Maria Theresia von Österreich und damit Anwärter auf den Kaiserthron des Heiligen Römischen Reiches. Mit ihm begann die Zeit der Habsburger in der Toskana – eine turbulente, von dramatischen Veränderungen geprägte Ära.

Franz II. ließ sich im Großherzogtum kaum persönlich blicken. Die Verwaltung übernahmen einheimische Beamte aus Familien der Florentiner Oberschicht. Diese zeigten sich von der Abwesenheit des Herrschers enttäuscht. Ihr Eindruck war, dass das Haus Habsburg sich weniger um dringend gebotene Reformen für die Toskana kümmerte als um die finanzielle Ausbeutung der neuen Besitzungen – und damit lagen sie wahrscheinlich richtig.

Zu holen gab es in der Toskana zweifellos viel, auch wenn das Großherzogtum seine besten Zeiten längst hinter sich hatte. Unmengen an Schätzen aus der Blütezeit der Renaissance, während der die wichtigsten Denker und die größten Künstler Europas in Florenz gelebt und gearbeitet hatten, füllten noch immer die prunkvollen Stadtpaläste der Medici. Anna Maria Lodovica de' Medici, der Schwester des unglücklichen Gian Gastone, fiel die verantwortungsvolle Aufgabe zu, dieses Erbe vor dem Zugriff der neuen Herrscher zu schützen. Dass ihr das gelang und sie schließlich den Palazzo Pitti sowie die Uffizien mitsamt allen dort gesammelten Skulpturen und Gemälden bei ihrem Tod 1743 der Stadt vermachte, wird ihr von ihren Landsleuten bis heute hoch angerechnet. Das an Kunstschätzen reiche Florenz, wie wir es heute kennen, gäbe es ohne Anna Maria Lodovica sicherlich nicht mehr.

Die wachsende Unzufriedenheit der toskanischen Bevölkerung und der Wunsch, ein habsburgisches »Gen-Reservoir« für den Fall des Aussterbens der Hauptlinie zu schaffen, führten schließlich dazu, dass nach dem Tod von Franz II. im Jahr 1765 ein eigener Familienzweig für das fortan weitgehend selbstständige italienische Großherzogtum geschaffen wurde. Der neue Machthaber Peter Leopold blieb im Gegensatz zu seinem Vorgänger vor Ort, er residierte mitten in der Hauptstadt – im Palazzo Pitti, so wie einst die Fürsten der Medici.

Wie sich ihm das ehemals so stolze und mächtige Florenz bei seiner Ankunft präsentierte, kann dem damals dreiundzwanzigjährigen, von den Ideen der Aufklärung beseelten Herrscher nicht gefallen haben: die Straßen von Bettlern bevölkert, Depression, Armut und Elend, wo man hinsah. Die letzten Generationen der Medici hatten nicht mehr über genügend Energie verfügt, dringend notwendige Erneuerungen in Angriff zu nehmen. Im Gegenteil: Korruption und Chaos hatten sich in der Verwaltung breitgemacht, in weiten Teilen des Landes herrschte Hungersnot, da die Landwirtschaft völlig darniederlag. Ein veraltetes Bildungswesen, verkrustete Strukturen im Bereich des Handwerks und eine verfallende Infrastruktur hatten für einen massiven wirtschaftlichen Niedergang gesorgt.

War die Regentschaft seines weit entfernt lebenden Vaters für die Toskana noch eine mehr oder weniger verlorene Zeit gewesen, sollte sich nun alles ändern. Peter Leopold ging mit jugendlichem Elan an seine Aufgabe, unterstützt von seinem Regierungschef aus dem Haus Orsini-Rosenberg, den Kaiserin Maria Theresia aus Wien nach Italien geschickt hatte. Zunächst veranlassten die beiden eine detaillierte Bestandsaufnahme der Wirtschaftsgüter des Landes, die die Grundlage für zahlreiche Reformen bilden sollte. Um die Landwirtschaft wieder in Schwung zu bringen, modernisierte Peter Leopold in der Folge das veraltete Pachtsystem und hob Handelsbeschränkungen auf. Der Staat erhielt das Monopol auf Steuereintreibung, der zuletzt starke Einfluss der katholischen Kirche wurde in allen Bereichen systematisch zurückgedrängt.

Peter Leopolds Reformdrang ließ auch dann nicht nach, als Orsini-Rosenberg 1770 die Toskana verließ. Nun standen die Abschaffung der Zünfte und die Einführung der Gewerbefreiheit auf dem Programm, außerdem die Erneuerung des Gesundheitswesens und eine Polizeireform. Doch vor allem die Überarbeitung des Rechtssystems sorgte für Furore, sie allein kam einer Herkulesaufgabe gleich.

Peter Leopold hatte sich auch hier zunächst einen Überblick verschafft: Sämtliche Gesetze, die in der Toskana Anwendung fanden, waren auf seinen Befehl zusammengetragen worden – und das Ergebnis offenbarte einen völlig undurchsichtigen Wust von einander teilweise widersprechenden Vorschriften, deren Ursprung nicht selten bis weit ins Mittelalter zurückreichte. Aus dieser Epoche hatten sich etwa die besonders hart bestraften *quattro delitti infami* erhalten: Majestätsbeleidigung, Betrug, Prostitution und *delitti atroci*, also »scheußliche Verbrechen«.

Das neue, moderne Regelwerk, das derartige Anachronismen ersetzen und einen einheitlichen zeitgemäßen Rahmen für das Leben im Großherzogtum bieten sollte, ist unter dem Namen »Leopoldina« in die Rechtsgeschichte eingegangen. Es war eines der frühesten vom Geist der Aufklärung durchdrungenen Gesetzbücher, was sich nicht nur darin offenbart, dass die Toskana 1786 als weltweit erster Staat die Todesstrafe abschaffte.

Als Peter Leopold im Jahr 1790 nach dem Tod seines Bruders dessen Nachfolge als Kaiser antreten und das Großherzogtum seinem Sohn überlassen musste, hatte sich die Toskana innerhalb eines Vierteljahrhunderts von einem rückständigen, armen Land in einen modernen und effizient geführten Musterstaat verwandelt. Peter Leopold hatte noch weitreichendere Pläne. Unter anderem trieb ihn die Idee einer Verfassung um, die den Herrscher zur Rechenschaft gegenüber seinem Volk verpflichten sollte. Doch es blieb bei Entwürfen – aus dem Großherzog wurde schweren Herzens der Kaiser, der die ihm lieb gewordene Toskana verlassen und nach Wien zurückkehren musste, wo er bereits nach zwei Jahren überraschend starb.

Über Peter Leopolds Sohn, der als Ferdinand III. regierte, gehen die Meinungen der Nachwelt auseinander. Einerseits wird er als engagierter Großherzog beschrieben, der sich den Idealen seines Vaters verpflichtet gefühlt und dessen Reformwerk eifrig fortgesetzt habe. Andere hingegen sehen in ihm einen schwachen, wenig entschlussfreudigen Regenten, dem letztlich das Format für seine Aufgabe fehlte. Ob die Schwierigkeiten, mit denen er zu kämpfen hatte, tatsächlich seiner mangelnden Begabung zuzuschreiben sind, ist umstritten. Unzweifelhaft ist, dass die Herrschaft Ferdinands III. in eine durch politische und gesellschaftliche Beben erschütterte, von Revolution und Kriegen geprägte Zeit fiel.

Wie sein Vater von aufklärerischen Gedanken geprägt, brachte Ferdinand der Französischen Revolution zunächst Verständnis entgegen. Das Großherzogtum Toskana erkannte 1792 als erste ausländische Macht das revolutionäre Regime in Paris offiziell an. Offenbar sah Ferdinand die Umwälzungen, die sich in Frankreich vollzogen und die in ganz Europa mit ungläubigem Erstaunen und einiger Besorgnis verfolgt wurden, nicht als Gefahr für seine eigene Herrschaft an. Warum sollte er auch – war die Toskana nicht eines der am liberalsten regierten Länder Europas?

Doch Ferdinands Versuch einer wohlwollend-neutralen Außenpolitik während der Revolutionskriege scheiterte kläglich. Bereits 1793 musste er dem Druck der Engländer nachgeben, die drohten, die Hafenstadt Livorno zu besetzen, sollte das

Großherzogtum der jungen Französischen Republik nicht den Krieg erklären. Aus dem folgenden Feldzug hielt sich Ferdinand trotz formeller Beteiligung heraus, und nach der Niederlage der gegenrevolutionären Mächte war er der Erste, der wieder diplomatische Beziehungen zu Paris aufnahm.

Doch nun schlug das Pendel in die entgegengesetzte Richtung aus: Das militärisch erstarkte Frankreich besetzte 1796 Livorno, um den Engländern den Zugriff auf den Hafen zu verwehren. Napoleon persönlich kam nach Florenz, wo er vom Großherzog freundlich empfangen wurde. Ferdinand hoffte nun, sein Regime durch Tributzahlungen retten zu können und einer Besetzung der Toskana durch französische Truppen zu entgehen. Wieder zeigte sich, dass der Habsburger einem skrupellosen Verhandlungspartner nicht gewachsen war: Zwar gingen die Franzosen zunächst auf Ferdinands Vorschlag ein – doch kaum hatte das Großherzogtum im März 1799 die letzte Rate des üppigen Tributs überwiesen, befahl Napoleon die Invasion.

Ferdinand verlor die Nerven und floh Hals über Kopf nach Wien. Offenbar hatte er nicht mit dem Mut einiger seiner Untertanen gerechnet, die sich dem Einmarsch der Franzosen entgegenstellten. In Arezzo, wo man dem Haus Habsburg nach der Trockenlegung und landwirtschaftlichen Erschließung des einstigen Sumpflands im Val di Chiana besonders verbunden war, rebellierte die Bevölkerung unter dem Schlachtruf »Ave Maria« gegen die fremden Truppen. Bei Cortona kam es zu einer Schlacht, in der die Aretiner eine polnische Eingreiftruppe, die für Napoleon kämpfte, überraschend in die Flucht schlugen.

Die sensationelle Siegesnachricht verbreitete sich wie ein Lauffeuer, aus dem gesamten Umland strömten Unterstützer herbei, sodass plötzlich fünfzigtausend hoch motivierte Kämpfer gegen die Invasion bereitstanden. Ein Dorf nach dem anderen wurde eingenommen, Österreich, England und Russland unterstützten die Aufständischen unverzüglich mit Geld und Personal. Im Juli marschierten die Aretiner in Florenz ein, nachdem die französischen Besatzer aus der Hauptstadt geflohen waren. Der Ruf nach einer Rückkehr Ferdinands III. wurde laut – der Großherzog, dem die »Ave Maria«-Bewegung die unbedingte Treue geschworen hatte, sollte sich an deren Spitze stellen. Doch wieder zeigte er sich unentschlossen, zauderte, zögerte – und konnte sich wegen der unsicheren Lage im Land letztlich nicht zu einer Rückkehr durchringen.

Nach einem knappen Jahr schlug Napoleon zurück: Die Franzosen besetzten Florenz und Arezzo und richteten die führenden Köpfe des Widerstands hin. Die Toskana wurde dem Herrschaftsbereich der Habsburger entrissen und zum »Königreich Etrurien« erhoben, regiert von Vertretern des Hauses Bourbon-Parma. Dieser auf dem Reißbrett erschaffene Staat war nicht von langer Dauer. Bereits 1808 wurde er dem Französischen Kaiserreich einverleibt, Napoleon setzte nun seine ehrgeizige Schwester Elisa als Großherzogin der Toskana sowie Fürstin von Lucca und Piombino ein.

Elisa Bonaparte entpuppte sich als engagierte und talentierte Regentin, die nicht nur Maßnahmen zur Förderung der Wirtschaft ergriff, sondern sich auch um kulturelle Belange bemüht zeigte. Während ihrer Herrschaft wurde die zwischenzeitlich zum Erliegen gekommene Marmorproduktion in Carrara wieder aufgenommen – Napoleon-Büsten aus diesem edlen Material waren bald in ganz Europa zu finden. Außerdem wurden weitere Sümpfe trockengelegt, das Brigantenwesen erfolgreich bekämpft und die Justiz reformiert.

Vor allem das noch immer mittelalterlich erscheinende Lucca erhielt durch Elisas städtebauliche Maßnahmen ein neues, bis heute prägendes Gesicht: Im Inneren der Stadt mussten dunkle Gassen der hellen und weitläufigen Piazza Napoleone weichen, einem mit Platanen bepflanzten Platz im französischen Stil. Die außerhalb Luccas gelegene Villa Reale di Marlia ließ Elisa zu einer noch heute beeindruckenden Prachtresidenz im neoklassischen Stil mit englischem Landschaftsgarten umgestalten. Kapellmeister an ihrem Hof war niemand Geringerer als der Virtuose Niccolò Paganini.

So sehr sie sich nach der Niederlage Napoleons in der Völkerschlacht bei Leipzig an ihre Macht klammerte – die Tage Elisas als Herrscherin in der Toskana waren jedoch bald darauf gezählt. 1814 musste sie die Region verlassen, sechs Jahre später starb sie, von einer schweren Krankheit gezeichnet, im heutigen Friaul. Ihr Bruder verbrachte bekanntlich ein knappes Jahr im Exil auf der toskanischen Insel Elba, wo er unverzüglich eine tief greifende

Verwaltungsreform und verschiedene Maßnahmen zur Verbesserung der Infrastruktur in Angriff nahm, bevor er für sein letztes, nur hundert Tage währendes Abenteuer nach Frankreich zurückkehrte.

Mit dem Ende der Herrschaft Napoleons kamen die Habsburger in Gestalt des glücklosen, fünfzehn Jahre zuvor geflohenen Ferdinand III. in den Palazzo Pitti zurück. Der Großherzog setzte sich nun vor allem für die Trockenlegung der Sümpfe im malariageplagten Gebiet der Maremma ein. Tragischerweise starb Ferdinand 1824 selbst an der tückischen Krankheit, die er sich wohl bei der Besichtigung der Arbeiten zugezogen hatte.

Ferdinands Sohn, der als Leopold II. regierte, versuchte, an das Erbe seines Vaters und vor allem seines Großvaters anzuknüpfen. Das galt sowohl für die Infrastrukturmaßnahmen in der Maremma, die er mit großem Elan fortführte, als auch für die grundsätzlich liberale Politik seiner Vorgänger, die Ferdinand trotz der in ganz Europa aufkeimenden Revolutionsbestrebungen beibehalten hatte. Intellektuelle wie Giacomo Leopardi oder Alessandro Manzoni, die andernorts in Italien verfolgt wurden, fanden in der Toskana Unterschlupf. Die Zensurbehörde in Florenz agierte derart zurückhaltend, dass sich die Verwandtschaft aus dem deutlich strengeren Wiener Kaiserhaus mehrfach bitter beklagte.

Das brachte dem Landesherrn bei seinen Untertanen natürlich einige Sympathien ein. Doch längst geisterte die Idee des Nationalstaats durch Europa, die für die Habsburger noch gefährlicher zu werden drohte als der Liberalismus. Leopold erkannte das zunächst nicht, 1839 konnte in Pisa ungehindert der Primo congresso degli scienziati italiani abgehalten werden – ein wichtiger Markstein für die nationale Bewegung des *Risorgimento.*

Keine zehn Jahre später, im Revolutionsjahr 1848, war Leopold II. durch den wachsenden Druck seiner Untertanen gezwungen, eine Verfassung vorzuschlagen. Doch auch dadurch konnte er den Aufstand nicht verhindern, der ihn im folgenden Jahr zur Flucht nach Süditalien zwang. Erst das militärische Eingreifen der Österreicher stellte die Ordnung wieder her. Nach seiner Rückkehr wich Leopolds ursprünglich liberale Politik zunehmender Repression. Sogar die Todesstrafe, deren Abschaffung einst den fortschrittlichen Ruf des Hauses Habsburg-Toskana versinnbildlicht hatte, führte er nun wieder ein.

Doch der Zeitgeist und die politische Entwicklung auf der Apenninen-Halbinsel waren durch solch drakonische Maßnahmen nicht mehr aufzuhalten. 1859 sah sich Leopold von allen Seiten dazu gedrängt, Sardinien-Piemont im Krieg gegen Österreich zu unterstützen. Doch der Großherzog konnte sich nicht zum Verrat an der eigenen Familie durchringen. Lieber verließ er die Toskana über Bologna in Richtung Wien, dankte ab und erklärte – in einem verzweifelten Versuch, den Machtanspruch der Habsburger zu wahren – seinen vierundzwanzigjährigen Sohn zum Nachfolger.

Ferdinand IV. sollte jedoch sein Amt nie ausüben. 1860 schloss sich die Toskana nach einer

Volksabstimmung trotz seines eindringlichen Protests dem Königreich Sardinien-Piemont an. Im Exil musste er mit ansehen, wie die Einigung Italiens voranschritt. Von 1865 bis 1871 fungierte Florenz sogar als Hauptstadt des neuen Nationalstaats – an seiner statt residierte nun Vittorio Emanuele II. in den prächtigen Räumen des Palazzo Pitti. War die Herrschaft über die Toskana den Habsburgern nach dem Ende der Medici vor hundertzwanzig Jahren wie eine überreife Frucht in die Hände gefallen, so wurde sie ihnen nun vom Sturm des Nationalismus, der durch das in dynastische Kleinstaaten zersplitterte Europa fegte, entrissen.

Erst 1870 dankte Ferdinand IV. endgültig ab, nachdem das Symbol für die Toskana bereits 1866 aus dem Wappen des österreichischen Kaisers entfernt worden war. Doch der Name des verlorenen Landes im Herzen Italiens verfolgte ihn, seine Geschwister und seine Nachkommen auch weiterhin. Der nun fast bedeutungslose, von Zuwendungen aus Wien abhängige Familienzweig lebte abwechselnd in Salzburg – im sogenannten »Toskanatrakt« der dortigen Residenz – und in einem stattlichen Anwesen in Lindau am Bodensee, das den wohlklingenden Namen »Villa Toskana« trägt. Der Bereich innerhalb der Kapuzinergruft, in dem die Särge der einst in Florenz regierenden Habsburger zu finden sind, heißt noch heute »Toskana-Gruft«.

Und ... Action!

Die Toskana als Filmkulisse

The well-known world had broken up, and there emerged Florence,
a magic city where people thought and did the most extraordinary things.

Die vertraute Welt hatte sich aufgelöst, und da tauchte Florenz auf,
eine magische Stadt, deren Bewohner die außergewöhnlichsten Dinge dachten und taten.

E. M. FORSTER, A Room with a View

Eine Hand streicht über die reifen Ähren eines Weizenfelds. Dann steigt die Kamera in die Höhe, eine sanft gewellte Hügellandschaft wird sichtbar. Wogendes Getreide so weit das Auge reicht, mitten hindurch schlängelt sich ein von Zypressen gesäumter Feldweg.

Das ist das Jenseits, wie es Millionen von Kinogängern in den bewegenden Anfangs- und Schlussszenen des mit fünf Oscars ausgezeichneten Kassenschlagers »Gladiator« gesehen haben. Es bleibt zu vermuten, dass dem Regisseur Ridley Scott für die Darstellung des Totenreichs, in dem der Held des Films endlich seiner Frau und seinem Kind wiederbegegnet, eine »ideale« Landschaft vorschwebte. Und diese entdeckte er offenbar in der südlichen Toskana, unweit der Renaissance-Stadt Pienza.

Scott war bei Weitem nicht der Erste, der in dieser Gegend fündig wurde. Einige Jahre zuvor drehte sein Kollege Anthony Minghella Teile des ebenfalls preisgekrönten Dramas »Der englische Patient« im nahe gelegenen Kloster Sant' Anna in Camprena. Das altehrwürdige Gebäude wurde in der Romanverfilmung zum Lazarett, in dem der von Ralph Fiennes gespielte Held – ein schwer verwundeter, unter Gedächtnisverlust leidender ungarischer Adliger – von Juliette Binoche als Krankenschwester gepflegt wird, während diese nach und nach seiner Vergangenheit auf die Spur kommt.

Das malerisch zwischen dem Val d'Orcia und den Crete Senesi liegende Benediktinerstift aus dem 15. Jahrhundert kam wenig später noch einmal in die – diesmal hauptsächlich deutschsprachigen – Kinos. 2002 konnten die Zuschauer in der Komödie »Vaya con Dios« Daniel Brühl als jungen Mönch auf dem Weg in das Mutterkloster seines Ordens begleiten. Im Film heißt dieses Kloster Montecerboli, doch in Wirklichkeit handelte es sich auch diesmal um Sant' Anna in Camprena.

Vielen Filmen, die in der Region gedreht wurden, liegen Romane und Erzählungen zugrunde, deren Schöpfer sich von der Toskana inspirieren ließen. Und es sind bei Weitem nicht nur die einzigartigen Landschaften, die die Autoren heute wie früher faszinieren. Auch die toskanischen Städte mit ihren spektakulären Kunst- und Bauwerken, ihrer reichen Geschichte und ihren hinter uralten Mauern verborgenen Geheimnissen sind nie versiegende Quellen für immer neue Dramen, Tragödien,

Krimis und Komödien. Die Hauptstadt und Kulturmetropole Florenz nimmt natürlich auch dabei eine führende Rolle ein.

So blicken die Protagonisten aus dem »Zimmer mit Aussicht« im gleichnamigen Roman von E. M. Forster direkt auf den in der Sonne glitzernden Arno. Das in der englischen Oberschicht angesiedelte Liebesdrama erschien bereits 1908. Die Verfilmung mit Helena Bonham Carter ließ bis 1985 auf sich warten, doch als sie in die Kinos kam, begeisterte sie Zuschauer und Kritiker weltweit. Gedreht wurde im Florentiner Hotel degli Orafi nahe dem Ponte Vecchio, das jedoch inzwischen nach umfangreichen Renovierungsarbeiten ein deutlich verändertes Gesicht zeigt.

Ein völlig anderes Genre als E. M. Forster bediente der Amerikaner Thomas Harris im Jahr 1988 mit seinem Thriller »Das Schweigen der Lämmer«. Der Serienmörder Hannibal Lecter streift in diesem zum Weltbestseller avancierten Werk unter anderem durch Florenz. In der Fortsetzung »Hannibal« lässt sich die Hauptfigur bei ihrer blutigen Tätigkeit sogar von der historisch verbürgten Pazzi-Verschwörung gegen die Medici inspirieren. Die Verfilmungen aus den Jahren 1991 und 2001, jeweils mit einem verstörend gruseligen Anthony Hopkins in der Hauptrolle, gelten längst als moderne Klassiker.

Wer mit offenen Augen durch die Toskana reist, wird nicht selten denken: »Das wäre doch ein perfekter Schauplatz für eine Romanze!« Oder wahlweise auch für ein Drama, eine Verfolgungsjagd oder einen Historienschinken. Kein Wunder, dass die Region ein Mekka für die Location-Scouts der Multi-Millionen-Dollar-Produktionen aus Hollywood ist.

Als beeindruckendes Ergebnis von deren Arbeit kann die Eingangsszene des James-Bond-Films »Ein Quantum Trost« aus dem Jahr 2008 gelten. Wie in dieser Reihe üblich, liefert sich der britische Geheimagent gleich zu Beginn eine actionreiche Verfolgungsjagd. Die führt ihn – vom Gardasee kommend – über die berühmten Marmorsteinbrüche von Carrara in der Nordwesttoskana, wo riesige Lastwagen die tonnenschweren Blöcke des schneeweißen Gesteins über halsbrecherische Serpentinenstraßen ins Tal bringen. In nur wenigen Minuten erreicht Bond von hier aus das über hundertachtzig Kilometer entfernte Siena im Süden der Region. Dort parkt der Agent seinen inzwischen ziemlich mitgenommenen Wagen in einem unterirdischen Gewölbe. Es folgen der Vorspann und eine kurze Verhörszene, anschließend kommt es gleich zur nächsten Hetzjagd, diesmal mitten in der Stadt. Natürlich findet in Siena gerade der Palio – das traditionelle Pferderennen – statt, weshalb sich James Bond durch die Zuschauermassen auf dem berühmten muschelförmigen Marktplatz kämpfen muss, bevor die Verfolgung auf den Dächern der jahrhundertealten *palazzi* weitergeht. Und weil ein Italienaufenthalt ohne Stranderlebnis nicht komplett ist, reist der von Daniel Craig verkörperte Agent mit der Lizenz zum Töten dann auch noch in den in der Maremma gelegenen Nobelbadeort Talamone.

Für Filmemacher, die eine historische Kulisse suchen, sind die mittelalterlich anmutenden Dörfer und Städte der Toskana und die unverbauten Landschaften, die sie umgeben, wie geschaffen. Als das Budget für seine Verfilmung von Shakespeares »Romeo und Julia« nicht ausreichte, um die Kulissen der Cinecittà-Studios in Rom zu verwenden, entschied sich der italienische Starregisseur Franco Zeffirelli nicht etwa für den Originalschauplatz in Verona, sondern für die Renaissance-*Palazzi* der durch die Jahrhunderte kaum veränderten Altstadt von Pienza. So wurde der dortige Palazzo Piccolomini kurzerhand zum Haus der Capulets, und die herrlichen Fassaden rings um die berühmte Piazza Pio II. bildeten einen perfekten Rahmen für die auf ihr unvermeidliches, tragisches Finale zusteuernde Geschichte. Kritiker loben bis heute die visuelle Überzeugungskraft von Zeffirellis Werk aus dem Jahr 1968, das noch immer als eine der sehenswertesten Shakespeare-Verfilmungen gilt.

In Zeiten, in denen aufwendige digitale Reproduktionen historischer oder fiktionaler Gebäude und Gegebenheiten längst zum Standardrepertoire der Filmindustrie gehören, schätzen es Regisseure noch immer, in der Toskana ohne großen Aufwand in einem »echten« mittelalterlich oder mystisch anmutenden Umfeld zu arbeiten. So hätte Chris Weitz bei der Verfilmung des zweiten Bandes der Vampirsaga »Twilight« eigentlich problemlos im von der Autorin in der Buchvorlage erwähnten toskanischen Ort Volterra drehen können. Erstaunlicherweise entstanden die entsprechenden

Aufnahmen jedoch nicht dort, sondern im ebenfalls sehenswerten Montepulciano. Es heißt, die Gemeinde hätte sich der Produktionsfirma förmlich an den Hals geworfen und ihr alle möglichen Vergünstigungen versprochen, nur um anstelle von Volterra als Drehort ausgewählt zu werden. Falls dieses Gerücht der Wahrheit entspricht, hat sich die Investition in das eigene Image gelohnt. Heute ist Montepulciano nicht mehr nur für seinen Vino Nobile bekannt. An den entsprechenden Punkten der Altstadt sind Hinweistafeln mit Bildern der dort gedrehten Filmszenen angebracht, außerdem werden »Twilight«-Stadtführungen mit anschließendem Vampir-Dinner angeboten.

Eventuell hatte man sich in Montepulciano das etwas weiter nordöstlich an der Grenze zur Region Umbrien gelegene Cortona zum Vorbild genommen, das durch einen Kinohit zum Sehnsuchtsziel unzähliger Touristen wurde. Es war der Film »Unter der Sonne der Toskana« aus dem Jahr 2003, der vor allem im angelsächsischen Raum einen neuen Tuscany-Hype auslöste. Die Villa in Cortona, die neben Diane Lane die Hauptrolle in dem Kassenschlager spielte, entwickelte sich schnell zum Pilgerziel für Fans aus Europa und Übersee. Der Film wurde übrigens von Kritikern beinahe durchweg als furchtbar verkitschte, zuckersüße Aneinanderreihung von Klischees verrissen – obwohl er auf einem autobiografischen Buch beruht: In den achtziger Jahren hat sich eine bis dahin eher mittelmäßig erfolgreiche amerikanische Schriftstellerin namens Frances Mayes in Cortona ein renovierungsbedürftiges Haus gekauft und in der Folge einen Bestseller über ihre Erlebnisse verfasst, der schließlich zur Vorlage für das Drehbuch wurde.

»Unter der Sonne der Toskana« ist ein außergewöhnlich erfolgreiches Beispiel jener Toskanastreifen, in denen die wenig originelle Handlung und das halb gare Skript durch die zahlreichen Impressionen der einmalig schönen Landschaft überblendet werden sollen.

Die zweifelhafte Ehre, zu dieser Kategorie zu gehören, gebührt auch dem Film »Shadows in the Sun« aus dem Jahr 2005, in dem ein junger Verlagsmitarbeiter aus London nach Italien geschickt wird, um einen betagten Autor – immerhin gespielt von der Hollywoodgröße Harvey Keitel – zu einem Comeback in der Literatur zu überreden. Die gesamte Geschichte ist von Beginn an ziemlich durchsichtig, und die bedeutungsschwangeren Dialoge zwischen den beiden Hauptprotagonisten wirken oft unfreiwillig komisch. Doch wen stört das, wenn er zwischendurch einen romantischen Sonnenuntergang über den sanften toskanischen Hügeln erleben darf – und dann auch noch eine Choreografieeinlage mediterraner Schönheiten auf der malerischen *piazzetta* von Castiglione d'Orcia geboten bekommt?

Ob es ein Zufall ist, dass es sich bei den übelsten Vertretern des inoffiziellen Genres »Toskanaschnulze« in der Regel um ausländische Produktionen handelt? Italienische Filmemacher neigen offenbar weniger dazu, sich dieser Region allein wegen ihrer unbestrittenen Eignung zum idyllischen Hintergrund zu widmen. Stattdessen bemühen sie sich, in ihren Werken etwas von dem zum Ausdruck zu bringen, was erst bei genauerem Hinsehen zwischen den prunkvollen *palazzi* und den von Zypressen gekrönten *colli* hervorscheint: den Hauch von Melancholie, der den leisen, hintergründigen Humor der *toscani* begleitet. Ihre Liebe für Details und ihren ungetrübten Sinn für das, was im Leben wirklich zählt. Das ist die Seele der Toskana, die man unter ihrer bildhübschen Oberfläche entdecken kann und von der es zu erzählen gilt. Wer könnte sie besser verstehen als diejenigen, die selbst aus der Region stammen?

Einer der international erfolgreichsten Filme aus italienischer Produktion wurde *in* der Toskana *von* einem Toskaner gedreht. Der Regisseur und Schauspieler Roberto Benigni schuf mit »Das Leben ist schön« eine Tragikomödie, die 1998 in neun Kategorien den wichtigsten italienischen Filmpreis »David di Donatello« erhielt und im darauffolgenden Jahr sogar mit drei Oscars ausgezeichnet wurde. Hauptschauplatz der ersten Hälfte des Films ist die Stadt Arezzo im Osten der Region. Wer den Film gesehen hat, wird die Treppe am Rand der abschüssigen Piazza Grande, an der einige der einprägsamsten Szenen spielen, sofort wiedererkennen. Auch im Umland von Arezzo, unter anderem in Benignis kleinem Heimatort Castiglion Fiorentino, wurde gedreht.

Offenbar ist es gerade ihre Vielseitigkeit, die den größten Reiz der Toskana ausmacht – sowohl als Reiseziel als auch für Filmproduktionen. Sie ist facettenreich und wandlungsfähig, schroff und kantig wie die Marmorsteinbrüche von Carrara und zugleich lieblich wie die Mohnblumen auf den Wiesen der Crete Senesi, eine schier unendliche Fundgrube voller weltberühmter Monumente und – noch – unentdeckter, idyllischer Refugien. Sie bietet den optimalen Schauplatz für rasante Verfolgungsjagden des berühmtesten Agenten Ihrer Majestät und für einen der gefürchtetsten Serienmörder des Hollywoodkinos. Zugleich liefert sie den richtigen Rahmen für seichte Weltfluchtfantasien, aber eben auch für Shakespeares bekannteste Tragödie, für opulente Historien- oder Fantasy-Streifen und nicht zuletzt für anspruchsvolle Literaturverfilmungen. Vielleicht ist sie ja wirklich die ideale Landschaft?

Das verwandelte Land

Die Maremma – vom malariageplagten Sumpfgebiet zum Nationalpark

Eine junge Sängerin betritt die Bühne des Festival dei Due Mondi im umbrischen Spoleto. Caterina Bueno, Tochter einer Schweizer Schriftstellerin und eines spanischen Malers, aufgewachsen in San Domenico di Fiesole unweit von Florenz, ist zu diesem Zeitpunkt einundzwanzig Jahre alt. Vor der streitbaren, engagierten Künstlerin liegt eine große, von Erfolgen, aber auch von Kontroversen geprägte Karriere. Der Auftritt an jenem lauen Juniabend des Jahres 1964 wird ein wichtiger Grundstein für alles Kommende sein.

Zuerst spielt Caterina Bueno einige Töne auf ihrer Gitarre, dann beginnt sie zu singen. Die Melodie ist einfach, der Text besteht aus wenigen Worten.

Tutti mi dicon Maremma, Maremma …
Ma a me mi pare una Maremma amara.
L'uccello che ci va perde la penna
Io c'ho perduto una persona cara.

Alle sagen sie zu mir: Maremma, Maremma …
Doch mir erscheint die Maremma bitter.
Der Vogel, der dorthin fliegt, verliert seine Feder,
und ich habe dort einen geliebten Menschen verloren.

Das Lied ist alt. Es stammt wohl vom Beginn des 19. Jahrhunderts, als die Malaria das sumpfige Hinterland der südtoskanischen Küste fest in ihrem tödlichen Griff hatte. Niemand weiß heute, wer die ergreifenden Zeilen einst komponierte, Caterina Bueno hat Text und Melodie bei einem Aufenthalt bei den Bauern im Bergland nördlich von Pistoia aufgeschnappt. Seit ihrer Kindheit ist sie von den Volksliedern ihrer Heimat fasziniert, deshalb hat sie es sich zur Aufgabe gemacht, diese beinahe vergessene Musik wiederzubeleben.

»Maremma amara« wird einer ihrer größten Erfolge werden. In den kommenden Jahrzehnten bis zu ihrem Tod im Jahr 2007 wird sie das Lied noch unzählige Male singen – und nicht nur sie. Andere, teils noch berühmtere Interpretinnen werden sich des Titels annehmen, darunter die portugiesische Fado-Sängerin Amália Rodrigues und der Superstar des Italo-Rocks Gianna Nannini.

Sia maledetta Maremma, Maremma
sia maledetta Maremma e chi l'ama.
Sempre mi trema 'l cor quando ci vai
perchè ho paura che non torni mai.

Sei verflucht Maremma, Maremma
verflucht sei die Maremma wie jeder, der sie liebt.
Stets zittert mein Herz, wenn du dorthin gehst,
weil ich fürchte, dass du nie mehr zurückkehrst.

»Das ist wirklich schön. Aber auch ziemlich traurig«, seufze ich, als die letzten melancholischen

Klänge aus den Lautsprechern des Autoradios verklungen sind. Meine Beifahrerin Cinzia nickt stumm, den Blick aus dem Fenster gerichtet.

Die von Olivenbäumen gesäumte Straße führt uns schnurgerade durch die Ebene. Endlose Felder und Wiesen links wie rechts, im Rückspiegel die Berge, die wir vor einer Stunde hinter uns gelassen haben. Dann plötzlich eine geschlossene Schranke – und weit und breit ist kein Mensch zu sehen. Ich gehe vom Gas, zögere.

»*Vai pure*«, sagt Cinzia. »Keine Sorge, fahr nur weiter.«

Ich tue, wie mir geheißen. Als wir uns dem Schlagbaum nähern, öffnet er sich wie von Geisterhand. Dahinter geht es weiter wie zuvor, immer geradeaus, entlang der Weiden, auf denen Gruppen von grauen muskulösen Rindern grasen. Die Tiere hören das Motorengeräusch, einige von ihnen heben neugierig ihre mit ausladenden Hörnern bestückten Köpfe.

»Diese Rasse gibt es nur hier«, erklärt mir Cinzia. »Das sind die Herden, um die sich die *butteri* kümmern.«

Bilder und Geschichten von den »Cowboys der Toskana«, die auf stämmigen Maremma-Pferden Lasso und Hirtenstab schwingen, gehören zum Standardrepertoire jedes Reiseführers und jeder Fernsehdokumentation über diese Region. Es ist kaum möglich, die *butteri* ohne Assoziationen an den Wilden Westen zu betrachten, doch sie selbst sind den Vergleich mit ihren nordamerikanischen Kollegen leid und pochen auf ihre eigene Tradition.

Die ist gefährdet, seit die Industrialisierung in der Landwirtschaft um sich greift. Sosehr die romantischen Bilder der berittenen Hirten an die Sehnsucht nach Freiheit in der Natur appellieren, so wenig verlockend ist die Realität, die aus harter körperlicher Arbeit und viel Verantwortung bei niedrigem Einkommen besteht. Kein Wunder, dass der Nachwuchs ausbleibt.

Der Tourismus bietet die Chance, das Aussterben der *butteri* noch zu verhindern. Interessierte mit guten Reitkenntnissen können heute Urlaubspakete buchen, bei denen sie die Hirten tageweise auf die Weiden begleiten. So haben all die Bilder in den Reiseführern und Dokumentationen vielleicht doch ihr Gutes.

Der dunkle Streifen vor uns ist der Pinienwald, der das Meer von den Feldern trennt. Bald tauchen wir hinein und fahren im Schatten der Bäume weiter. Nach ein paar Minuten wird es wieder heller, die Straße endet an einem ungeteerten Parkplatz, der in den Sandstrand übergeht. Wir steigen aus, hören die Brandung und atmen den salzigen Duft des Meeres ein.

Der Küstenort Marina di Alberese liegt im Parco Regionale della Maremma im Süden der Toskana. Sein Strand unterscheidet sich wohltuend von den Badehochburgen, die man weiter im Norden findet. Reiht sich in Forte dei Marmi, Viareggio oder auch in Marina di Grosseto ein voll ausgestattetes knallbuntes *bagno* ans andere, gibt es hier nur unscheinbare, im Pinienwald versteckte sanitäre Anlagen, viel Sand und ein paar von Badegästen zum Schutz vor Wind und Sonne errichtete Konstruktionen aus Treibholz.

Schwer zu glauben, dass gerade diese Gegend wie kaum eine andere durch den Menschen geprägt wurde. Der Kampf um die Zähmung der Natur, der den meisten Landschaften der Toskana ihr heutiges Gesicht gegeben hat, war in der Maremma besonders hart und entbehrungsreich. Fast alles, was Cinzia und mich in diesem Augenblick umgibt, wurde irgendwann von Menschen geschaffen, um diesen Kampf zu gewinnen.

Gerade hier, im Mündungsgebiet des Ombrone, blieben die Versuche der Kultivierung über Jahrhunderte hinweg nur Stückwerk. Zwar weiß man, dass bereits die Etrusker Teile der Maremma durch ein ausgeklügeltes Kanalsystem entwässerten – doch schon in der Römerzeit verfielen deren Anlagen, und das Wasser gewann wieder die Oberhand. Während des gesamten Mittelalters blieb das so, Siedlungen gab es nur auf vereinzelten Hügeln und Bergen, die sich wie Inseln aus dem unwirtlichen flachen Sumpfland erhoben. Ab der frühen Neuzeit – vor allem im 18. und 19. Jahrhundert, als die Habsburger die Toskana regierten – gab es wieder Versuche der Entwässerung, um Felder und Weideland zu gewinnen und gleichzeitig die grassierende Malaria zurückzudrängen.

Auf der Piazza Dante in Grosseto befindet sich eine Marmorskulptur, die den von 1824 bis 1859 amtierenden Großherzog Leopold II. darstellt. Er reicht der durch eine junge Frau verkörperten Maremma seine Hand, während er die zu seinen Füßen als Schlange dargestellte Malaria zertritt. Das Denkmal zeugt von der Dankbarkeit, die die leidgeprüften Einwohner der Provinzhauptstadt ihrem Herrscher für seine Bemühungen entgegenbrachten. Die wirklich effektiven Maßnahmen zur Trockenlegung der Maremma erfolgten jedoch etwa hundert Jahre später, und erst in der Dekade nach dem Zweiten Weltkrieg fanden sie ihren Abschluss.

Wir sind nicht ganz allein, aber die wenigen anderen Strandbesucher verlieren sich auf dem mehrere Kilometer langen Sandstreifen südlich der Ombronemündung. Es ist ein Werktag im Juni, das Meer dürfte trotz der strahlenden Sonne noch kühl sein. Wir haben unsere Handtücher ausgebreitet und blicken auf das Wasser, links von uns erhebt sich die Halbinsel des Monte Argentario, davor sind die Umrisse der Insel Giglio zu erkennen. Diese Landmarken bilden das südliche Ende der Toskana und die Grenze zur Region Latium.

Ich seufze verzückt. »Ist das idyllisch! Der perfekte Ort, um zu entspannen.«

»Ja, nicht wahr? Hier im Nationalpark kommt man sich vor wie in einer anderen Zeit«, meint Cinzia nachdenklich, während sie ihre Füße im aufgeheizten Sand vergräbt. »Aber man darf sich nicht täuschen: Die Maremma ist keine rückständige Region mehr.«

»Wegen des Tourismus?«, frage ich. Erst gestern habe ich gelesen, dass die unverbaute Küste der Maremma immer mehr Urlauber anzieht, die Alternativen zu Hotelburgen und riesigen Bungalow-Anlagen mit Pool und Animation suchen. Die etwas nördlich von hier gelegene Landzunge Punta Ala ist bei naturverbundenen Campern beliebt, die adretten Küstenorte Castiglione della Pescaia, Talamone und Porto Santo Stefano, das mit seinem Jachthafen die Reichen und Schönen anlockt, sind ebenfalls längst keine Geheimtipps mehr.

»Sicher, der Tourismus ist wichtig«, antwortet Cinzia. »Aber es geht nicht nur darum. In der Maremma hat sich in den vergangenen Jahrzehnten viel bewegt. Vielleicht weil die Menschen wegen der früher so schwierigen Lebensbedingungen hier seit jeher besonders einfallsreich und erfinderisch sind. Viele Bauernhöfe haben die Chancen entdeckt, die in der wachsenden Nachfrage nach regional und biologisch produzierten Lebensmitteln stecken. Rund um Grosseto wird heutzutage hervorragender Mozzarella hergestellt, außerdem bestes Rindfleisch aus nachhaltiger Landwirtschaft. Oder nehmen wir den Wein.«

Mit Wein kennt sich meine Freundin aus. Ihr Mann arbeitet auf einem Gut bei Montalcino, das erstklassigen Brunello herstellt. Die Maremma habe ich bisher allerdings immer mehr mit Ackerbau und Viehzucht in Verbindung gebracht.

»Hast du schon einmal den Namen ›Sassicaia‹ gehört?«, fragt mich Cinzia. Ich schüttle den Kopf, peinlich berührt ob meiner Ignoranz. Cinzia lächelt milde und fährt fort: »Das ist ein Rotwein aus dem nördlichen Teil der Maremma, der Maremma Livornese. Zur Zeit seiner Markteinführung im Jahr 1968 stellte er eine vollkommene Neuheit dar. Du musst wissen: Damals kannte man aus der Toskana hauptsächlich die Weine aus dem Chianti, die allerdings mehr und mehr als Massenware produziert wurden. Außerdem gab es für sie strenge Vorschriften, die die qualitative Weiterentwicklung verhinderten.

Aber in Bolgheri – einem kleinen Ort in der Maremma – hatte ein gewisser Marchese della Rocchetta bereits seit Ende der vierziger Jahre einen vorzüglichen, vollkommen anderen Wein hergestellt. Und zwar aus Cabernet-Sauvignon-Reben, wie man sie damals eigentlich nur in Bordeaux verwendete. Es war ein Experiment, und das Ergebnis nutzte der *marchese* zwei Jahrzehnte lang ausschließlich zum Hausgebrauch. Dann überzeugte ihn sein Sohn, den Wein zu vermarkten.«

Die sanfte Brise, die regelmäßig für ein wenig willkommene Abkühlung sorgt, weht Gelächter zu uns herüber. Zwei junge Frauen stehen bis zu den Knien in der Brandung. Sie kreischen und springen hoch, wenn eine Welle vor ihnen bricht.

»Und was ist dann passiert?«, frage ich Cinzia.

»Der Sassicaia wurde ein Riesenerfolg. Auch wenn Traditionalisten die Nase rümpften und er wegen seiner Herkunft und Produktionsweise nur als ›Tafelwein‹ verkauft werden durfte. Bald gab es auch in der Chianti-Region Winzer, die sich die ›französischen Methoden‹ zu eigen machten. Alle diese neuen Weine, die in den Siebzigern entstanden, nannte man ›Super Tuscans‹. Und Bolgheri kann als deren Geburtsort gelten. Der Sassicaia hat übrigens heute sein eigenes DOC-Zertifikat, eine Flasche kostet weit über hundert Euro. Die Zeiten des Tafelweins sind längst vorbei.« Cinzia legt ihre Sonnenbrille ab, dreht sich zu mir um und grinst mich auffordernd an. »Also ich brauche jetzt unbedingt eine Abkühlung. Was ist – kommst du mit?«

Das Wasser ist tatsächlich noch ziemlich kalt. Auch wir springen, kreischen und lachen, bevor wir uns schließlich in die Fluten stürzen. Und dann ist es herrlich. Ich schwimme weiter hinaus, drehe mich auf den Rücken, schließe die Augen und spüre, wie mich die Wellen sanft aufheben und hinabsenken. Nach ein paar Minuten öffne ich die Augen wieder. Von hier draußen kann man gut erkennen, dass sich der Pinienwald entlang der gesamten Küste erstreckt. Er wurde nach der Trockenlegung gepflanzt, die Bäume sollen den Wind von den Weiden und Äckern abhalten und außerdem verhindern, dass die Brandung das mühsam gewonnene Land abträgt.

Eineinhalb Stunden später sitzen Cinzia und ich wieder im Auto. Meine Haare sind noch ein wenig feucht, meine Haut ist von der Sonne aufgeheizt und mit einer dünnen Salzschicht überzogen.

Vor uns taucht erneut die Schranke auf. Ich verlangsame das Tempo ein wenig, vertraue aber darauf, dass sich der Schlagbaum auch diesmal von selbst öffnen wird, sobald wir näher gekommen sind. Falsch gedacht, nichts rührt sich. Ich steige voll auf die Bremse und sehe meine Beifahrerin ratlos an.

»Was ist los?«

Cinzia zuckt mit dem Schultern. *»Dobbiamo pagare.«*

Sie deutet auf einen unscheinbaren, unter einem Sonnendach versteckten Automaten neben der Straße. Wir steigen aus und gehen hinüber. Ich begreife mit einigem Erstaunen, dass hier, mitten in der Einöde, wo es nichts außer einer holprigen Straße, endlosen Feldern, Olivenbäumen, Pinien und einiger Rinder zu geben scheint, mit neuester Technik gearbeitet wird.

»Unser Nummernschild wurde bei der Einfahrt gescannt und registriert«, erklärt Cinzia. »Deshalb weiß der Automat, wie lange wir im Park waren. Hast du Kleingeld?«

Nachdem wir bezahlt haben und eingestiegen sind, starte ich den Motor wieder und gebe Gas. Jetzt öffnet sich die Schranke. Ich fahre hinaus, und wir folgen der Straße in Richtung der Berge am Horizont. Nicht mehr lange, dann werden wir diese Ebene hinter uns lassen, das Land vor dem Meer, das über Jahrhunderte die von Caterina Bueno besungene, die Menschen mit Armut und Krankheit strafende »Maremma amara« war.

Was ist diese Maremma heute? Ein idyllisches Urlaubsparadies, eine Oase für Natur- und Tierfreunde, das Land der *butteri*, das jedoch nicht nur Wildwestromantiker anzieht, sondern auch Kapitäne von Luxusjachten. Ein fruchtbares Gebiet, das beste, nachhaltig produzierte Nahrungsmittel und exklusiven Spitzenwein hervorbringt. Die Maremma von heute ist ein traumhaftes, aber nur scheinbar verträumtes Stück Toskana.